凯里学院“光辉照耀苗乡侗寨：中国共产党民族政策在黔东南的实践（天柱县篇）”专项课题（项目号：GHZYMXDZ0009）结题成果

黔东南山乡巨变

天柱县篇

罗康智　龙鑫　编著

民族出版社

图书在版编目（CIP）数据

黔东南山乡巨变·天柱县篇 / 李斌主编；罗康智，龙鑫编著.
-- 北京：民族出版社，2023.7
ISBN 978-7-105-17034-0

Ⅰ.①黔… Ⅱ.①李… ②罗… ③龙… Ⅲ.①社会主义
建设成就—天柱县 Ⅳ.① D619.732

中国国家版本馆 CIP 数据核字 (2023) 第 174731 号

黔东南山乡巨变·天柱县篇

编　　著：罗康智　龙　鑫
策划编辑：张义军
责任编辑：张义军
出版发行：民族出版社
网　　址：http://www.mzpub.com
地　　址：北京市和平里北街 14 号
邮　　编：100013
印　　刷：北京盛通印刷股份有限公司
版　　次：2023 年 9 月第 1 版
印　　次：2023 年 9 月第 1 次印刷
开　　本：787 毫米 ×1092 毫米　1/16
印　　张：11.5
字　　数：204 千字
书　　号：ISBN 978-7-105-17034-0 / D · 3422（汉 547）
定　　价：54.00 元

（投稿热线：010-58130111　1092781806@qq.com；发行部：010-64211734）

晨曦中的天柱（朱建华／摄）

天柱南山寺雪景（武啟超／摄）

天柱县四十八寨歌场（蒋家林／摄）

天柱三门塘刘氏宗祠（蒋家林 / 摄）

传统体育进校园（蒋家林 / 摄）

侗族月牙镗展演(蒋家林/摄)

天柱板凳龙(金可文/摄)

天柱阳戏（蒋家林／摄）

天柱侗族武术（金可文／摄）

天柱舞龙(姜本平/摄)

勾林(蒋家林/摄)

月牙镗(潘启灯/摄)

山歌对唱(蒋家林/摄)

酒海（蒋家林／摄）

三门塘侗家婚俗（蒋家林／摄）

《黔东南山乡巨变》丛书编委会

总　序

中国是一个统一的多民族国家，在漫长的历史长河中，各民族密切交往、相互依存、交流融合、休戚与共，形成了中华民族多元一体格局，“辽阔的疆域是各民族共同开拓的”“悠久的历史是各民族共同书写的”“灿烂的文化是各民族共同创造的”“伟大的精神是各民族共同培育的”“一部中国史，就是一部各民族交融汇聚成多元一体中华民族的历史，就是各民族共同缔造、发展、巩固统一的伟大祖国的历史”。[①] 各民族共同推动了国家的繁荣发展和社会进步。

中国共产党历来十分重视民族和民族地区工作，在不同的历史时期，把马克思列宁主义的民族理论与中国的实际相结合，制定了一系列符合中国实际的民族工作路线、方针、政策，对发展各民族经济，繁荣各民族文化，起了十分重要的作用，是我们战胜各种困难和风险，推动建设有中国特色社会主义事业不断前进的重要保证。

党的十八大以来，以习近平同志为核心的党中央紧紧围绕坚持和发展中国特色社会主义，着眼于民族团结和繁荣发展两大主题，始终坚持人民利益至上的原则，高举民族团结伟大旗帜，把人民的根本利益作为党和国家一切工作的根本出发点和归宿。坚持和完善民族区域自治制度，做到统一和自治相结合、民族因素和区域因素相结合；坚持促进各民族交往交流交融，不断铸牢中华民族共同体意识；坚持加快少数民族和民族地区发展，不断满足各族群众对美好生活的向往。

黔东南苗族侗族自治州成立于 1956 年 7 月 23 日，现下辖凯里市和麻江、丹寨、黄平、施秉、镇远、岑巩、三穗、天柱、锦屏、黎平、从江、榕江、雷山、台江、剑河 15 个县，是一个苗、侗、汉等多民族聚居区，2020 年末常住人口

① 习近平：《在全国民族团结进步表彰大会上的讲话》，见国家民族事务委员会编：《铸牢中华民族共同体意识——全国民族团结进步表彰大会精神辅导读本》，4–6 页，北京，民族出版社，2021。

376.03 万人，户籍人口 488.65 万人，少数民族人口占总户籍人口的 81.7%，其中苗族人口占 43.4%，侗族人口占 30.5%。[①] 人口在万人以上的有水族、布依族、土家族、畲族、壮族、仡佬族、瑶族等世居少数民族。中华人民共和国成立 70 多年以来，黔东南苗族侗族自治州各族人民在中国共产党领导下，认真贯彻执行党的各项民族政策，各民族交往交流交融日益加深，像石榴籽一样紧紧抱在一起，和衷共济，和睦相处，和谐发展。2019 年 12 月，黔东南州成功创建“全国民族团结进步示范州”，经济、教育、文化、交通等各项事业取得了长足的进步和令人瞩目的成就，经济实力大幅跃升，生活水平极大改善，民族文化繁荣发展，黔东南州实现了历史性跨越。据《黔东南年鉴》统计数据，1949 年，黔东南州地区生产总值仅有 6288 万元；1955 年突破亿元，达到 10436 万元；1978 年达到 56026 万元；1984 年突破 10 亿元，达到 10.49 亿元；2003 年突破 100 亿元，达到 1130771 万元；2012 年达到 4957500 万元；2018 年突破千亿元，达到 1036.62 亿元。城镇居民、农村居民可支配收入从 1950 年的 115 元、33 元，到 1978 年分别增加到 220 元、106 元，到 2008 年分别增加到 11616 元、2452 元，到 2018 年分别增加到 30130 元、9227 元。地方财政收入 1952 年时仅有 1275 万元，到 1978 年达到 4284 万元，2000 年达到 48192 万元，2008 年达到 137382 万元，2018 年达到 663781 万元。[②]2020 年，黔东南苗族侗族自治州各族人民在中国共产党的坚强领导下，打赢脱贫攻坚战，彻底撕掉千百年来的绝对贫困标签，与全国人民一道迈入全面小康。

凯里学院源于 1958 年创办的黔东南大学，校名几经更迭变迁，2006 年 2 月经教育部批准升格为普通本科院校。作为黔东南州的最高学府，凯里学院始终坚持“三性一型”（地方性、民族性、师范性，应用型）的办学定位，充分发挥高校“社会服务”“文化传承创新”等基本职能，理应在黔东南地方经济社会发展和文化建设中贡献智慧和力量，有责任、有义务把中国共产党领导全州各族人民取得的历史性成就呈现出来。作为地方本科高校，凯里学院不仅在人才培养、科学研究上与地方接轨，而且在社会服务、文化传承创新上也与地方积极配合，发

① 黔东南州统计局、国家统计局黔东南调查队：《黔东南统计年鉴（2020）》（内部资料），7 页。

② 黔东南州统计局、国家统计局黔东南调查队：《黔东南统计年鉴 2018》（内部资料），403–405 页、414–416 页、402 页。

挥人才高地的作用。黔东南州民族文化浓郁，是国家级民族文化生态保护区，享有“生态之州”“歌舞之州”“人文之州”“百节之乡”“民间手工艺之乡”“苗族侗族文化遗产保存核心地”“迷人的民族文化生态博物馆”等诸多美誉。基于此，学校在专业、学科设置上，主动融入地方经济社会。2013 年人类学（二级学科）被遴选为贵州省重点支持学科，2017 年民族学（一级学科）被批准为贵州省重点学科，2018 年民族学（一级学科）被遴选为贵州省区域内一流建设培育学科。2014 年民族学本科专业开始招生，2022 年非物质文化遗产本科专业获批。根据贵州省级重点学科和贵州省区域内一流学科建设需要，结合黔东南州实际，学校决定出版《黔东南山乡巨变》丛书。丛书之所以用“山乡”命名，是因为它符合黔东南州地形地貌特点，全州地处云贵高原向湘桂丘陵盆地过渡地带，州境总体地势北、西、南三面高而东部低，中部雷公山区和南部月亮山为中山地带，西部和西北部为丘陵状低中山区，东部和东南部为低中山、低山、丘陵、盆地，境内大部分地区海拔 500—1000 米，是典型的山乡。丛书作者由凯里学院、黔东南州委党史研究室、黔东南州民族研究所等单位的专家学者构成。丛书共计 17 部，对全州及 16 个县市逐一进行介绍。丛书内容除历史底蕴和文化渊源部分外，其余部分的数据资料选取时间起于中华人民共和国成立，止于 2018—2020 年。丛书全面展示中华人民共和国成立后 70 多年黔东南州各族人民在中国共产党领导下，政治、经济、文化、教育、交通以及在脱贫攻坚等各个领域所取得的历史性成就，发生的历史性变革。丛书的出版，不仅总结了在中国共产党领导下黔东南州各民族取得的伟大成就，而且有利于增强文化认同、坚定文化自信，为铸牢中华民族共同体意识提供黔东南经验。

当然，我们也意识到，丛书主要是记录黔东南州经济社会发展的各个方面，内容的广度和深度以及理论上的研究还有待提高，学术性有待进一步加强，加之编著者的水平有差异，不足和疏漏在所难免。敬请各位读者海涵指正。

李 斌

2021 年 3 月

前　言

天柱县位于贵州省东部，面积 2201 平方公里，因县城城郊“石柱擎天”胜景而得名，素有“黔东第一关”之称。自明万历二十五年（1597）设县以来，历经 400 余年。目前天柱县辖 11 镇 4 街道 2 乡，共有 130 个行政村（居、社区），总人口约 43 万人，以侗族、苗族为主的少数民族人口占总人口的 98.3%。近年来，天柱县国民经济保持了持续较快发展，到 2019 年，全县地区生产总值 768929 万元，经济结构调整取得积极进展，财政总收入 64632 万元。

自然资源得天独厚。天柱县物华天宝，资源丰富，已探明的矿产资源有重晶石、黄金、煤、硅、钾、锰、石灰石等。重晶石保有储量 1.08 亿吨，远景储量 3 亿吨以上，是我国目前已探明的最大重晶石矿床，品位在 85%—98% 之间，埋藏浅，易开采，可开发成钡盐系列产品。总投资 1.5 亿元，年产 10 万吨碳酸钡和 1.3 万吨硫黄的中国昊华化工集团天柱辛集钡盐有限责任公司等大型重晶石加工企业已投产天柱，产品销往海内外，天柱成为世界上重要的钡盐生产和出口基地。县境内初步探明黄金储量 60 多吨，硅矿储量 3500 万吨，煤矿探明储量 1684 万吨，钾矿探明储量 1353 万吨。

特色农业生机勃勃。天柱县地貌以中低山丘陵河谷盆地为主，海拔在 300—700 米之间。属亚热带温暖湿润气候区，气候温和，雨量适中，宜农、宜林、宜牧，发展农业的条件十分优越。全县现有耕地 34.5 万亩，有风城、蓝田等万亩坝区，是贵州省主要的商品粮基地。近年来，大力推进农业产业结构调整，特色农业生机勃勃。一是稳定粮食产量，大力发展优质稻米。在高酿、石洞等乡镇建设优质米基地，年产优质大米近万吨，高酿“天子米”2005 年 11 月获中国杨凌国际农博会“后稷”奖，产品远销凯里、贵阳等地。二是大力发展畜牧业，努力培育地方特色品种。天柱土鸭年饲养 400 万羽，在石洞、坪地等乡镇建设牛冻配改良示范点初见效益，在邦洞、社学等乡镇建设种草及养牛养鹅基地1.4万亩。三是大力发展林果业。在清水江沿岸、渡马至白市沿线、邦洞至瓮洞沿线建设优质果品基地1.3万亩，年产水果50万公斤，天柱县“清水江牌”脐橙荣获省优农产品称号。四是加强生态保护，认真实施天然林保护工程和水土保持工程。全县森林覆盖率为60.7%，主要林种有杉木、马尾松、油茶、楠竹、油桐、樟树等。同时积极调整林业产业结构，着重发展脐橙、椪柑、油茶、楠竹、中药材等经济林。五是依托生物资源优势，大力开发纯天然绿色食品。目前已初具规模的绿色产业有鱼腥草（折耳根）、蕨菜等。六是发展农产品加工业，开发特色产品。县内现有油茶林18.86万亩，是贵州省最大的木本油料资源大县，“天柱纯天然食用茶油”远销省内外，供不应求；“天黔牌”龟蛇系列保健酒曾荣获国家和省州多项金奖，产品远销东南亚；“侗家奇液”在侗家祖传秘方基础上采用独特的工艺酿制而成，曾荣获多项金奖，集食、药、滋补、保健于一体，深受港澳等地用户青睐。

旅游资源丰富多彩。天柱县地处世界乡土文化基金会确定的“返璞归真、回归自然”十大旅游胜地之一的黔东南州，属于我国北侗民族风情旅游区。天柱西接国家级文化名城镇远、中国漂城施秉，南濒桂林，北临张家界，显示出与周边国家级风景区顺接、对接的良好区位优势，旅游发展前景诱人。县境内生态环境优美，民族风情古朴浓郁，有独特的家祠文化和民族歌会。主要自然景观有金山溶洞、金凤山、三门塘、鱼塘水库等。金凤山雄奇峻秀，是方圆几百公里内的佛教圣地，传说乾隆皇帝游江南时曾在此驻足留书[①]。金山溶洞可游览面积4.7万平方米，景观独特奇异，使游人有身临仙境之感。三门塘村是考察研究侗族北部方言区政治、经济和文化遗存的极佳处所。天柱县是歌的海洋，每年民间自发举办的歌会有几十场，其中阿婆坳“四十八寨歌会”吸引湘黔边界苗乡侗寨的4万多人在此对歌，歌声绕山三日不绝，令人叹为观止，流连忘返。

重教兴学成就斐然。天柱素有贵州文化教育县之称，重教兴学源远流长。改革开放以来，天柱教育得到进一步发展。1985年，全县基本扫除青壮年文盲，成为全省第一个无盲县，1986年普及初等教育，1992年实现高标准扫除青壮年

① 相传乾隆手书内容为：游了一峰又一峰，七十二峰到祝融。祝融峰峰几千秋，山自春风水自流。远观东南三千界，近视西北八百州。万里长江飘玉带，一轮明月滚金球。好景一时观不尽，天缘有幸再来游。

文盲，1998年基本普及九年义务教育，2001年通过省人民政府的“两基”复查和“普实”验收，2002年荣获“全省文化先进县”称号，2003年荣获“全省科技进步先进县”称号。目前，全县已形成了以基础教育为主体，成人教育、职业教育协调发展的教育体系。

基础设施明显改善。近几年来，天柱县努力争取国家、省、州的大力支持，交通、水电、通信等基础设施都有极大改善。一是交通建设有新突破。天柱县有独特的区位优势，北距湘黔铁路、320国道分别为64公里和74公里，东距枝柳铁路、209国道仅78公里。根据地理位置，确定了“行政区域依托贵阳，经济发展面向两湖两广”的思路，积极组织实施拓宽改造5条进出天柱的干线公路，同时积极修建通村公路。截至2019年，全县公路通车里程2916.73公里，其中，高速公路通车里程55公里。完成脱贫攻坚农村“组组通”公路建设669公里，惠及全县372个村民组近10万人，全面实现30户以上村民组100%通硬化路的目标。县内水路交通也较便利，沅江上游的清水江流经县内7个乡镇，可直通洞庭湖进入长江，目前已在清水江建成了远口、白市、瓮洞3个船运码头。二是水电设施有新改善。全省最大的水利灌溉工程——天柱鱼塘水库已于1999年6月下闸蓄水运行，已初步发挥出灌溉、发电、旅游、养殖等综合效益。县内电力较为充裕，农村初级电气化县建设达到国家标准，完成第一期农网改造工程。装机容量42万千瓦，总投资32.7亿元的白市水电站于2013年3月建成投产。三是通信和电视设施有新发展。全县实现了传输光纤化、交换数字化、计费微机化，形成了长、市、农话三位一体，有线无线有机结合的通信网络。

近年来，天柱县全面贯彻党的民族政策，深化民族团结进步教育，铸牢中华民族共同体意识，深刻认识推进长江经济带高质量发展的新目标、新要求，以“强化上游意识、扛起上游责任，持续筑牢长江上游重要生态屏障，加大对天柱清水江文化的保护传承弘扬力度”为主题，党政齐抓共管、部门各负其责、全社会共同参与，全面深入持久地开展民族团结进步创建工作，推进经济社会发展。脱贫攻坚、乡村振兴、民族文化繁荣发展、社会和谐稳定等各项工作深度融合，加快了民族地区脱贫奔小康步伐，改善了民族地区和少数民族群众民生，促进了各民族交往交流交融，提高了民族事务依法治理能力，推动了中华民族共有精神家园建设。

回顾历程和成就，总结经验和教训，以史为鉴，继往开来，坚持辩证唯物主义和历史唯物主义，以习近平新时代中国特色社会主义思想为指导，适应“两个一百年”奋斗目标历史交汇期的新形势新任务。这就是编写本书的宗旨和目的。

目 录

第一章　溯源悠久历史　寻根多彩文化

400 多年前因一石如柱擎天而得美名的天柱，那些散落在龙塘、汶溪、辞兵洲各处的明代古城遗迹，就是历史的见证。100 多年前，杨树琪、陈明清、吴见举、吴见穆等天柱举人积极参与声势浩大的“公车上书”，提出了“拒签和约，迁都抗战，变法图强”的主张，尽展天柱学子拳拳爱国之心。70 多年前，中国人民解放军二野五兵团第 16 军 46 师 138 团，通过“黔东第一关”瓮洞镇，占领天柱县城，打开贵州省东南门户，打通了贵州通往解放之路，天柱县成为贵州省第一个获得解放的县。千百年来，在这片古老而神奇的土地上，栖息在这里的天柱人，创造了具有地方特色的民族文化，成为中华文化有机和谐的组成部分。

第一节　天柱的历史与沿革

一、明朝以前的天柱

天柱在秦代属黔中郡，为夜郎属地。汉初，属荆州武陵郡；汉武帝时改属牂牁郡，归益州统辖。三国时属吴。晋代属荆州武陵郡。南北朝属郢州武陵郡。隋代改属扬州沅陵郡。

唐代属黔中道彝、播、叙三州之境，不久，今县境东部归在朗溪县（县址在今湖南省会同县朗江乡），西部属思州。

五代时，马殷封为楚王，继而建楚国，天柱在其辖地之内；后周广顺二年（952），侗族首领杨正岩以“十洞首领”领徽、诚二州，天柱归二州所辖。

宋太平兴国五年（980），侗族首领杨通宝为诚州刺史，天柱东部为诚州所辖；北宋元丰五年（1082），天柱东部地区属诚州渠阳县（旧址在沅州贯堡寨）；建中靖国元年（1101），分渠阳县北部建三江县；崇宁元年（1102）建会同县，天柱东部分属三江县、会同县，西部仍承前属思州；崇宁二年（1103），侗族首领杨晟臻纳土贡，宋徽宗赐其领地名靖州，隶荆湖北路，天柱属靖州所辖。

元代至元年间（1271—1291），立安抚司，改为靖州路总管府，隶湖广行中书省，天柱地区在靖州路总管府辖下。元至正二十五年（1365），设靖州军民安抚使司，亦辖今天柱地区。

二、明朝时期的天柱

明洪武二十四年（1391），天柱境内王汉（苗族）聚众起义，与龙里（今锦屏县属）、五开（今黎平县属）的侗苗人民起义军联合作战，明廷派“大将军率众讨平，置所弹压”，二十五年（1392）迁靖州卫左千户所于天柱镇守。二十九年（1396）清水江沿岸苗侗群众反抗斗争又起，三十年（1397）又移靖州卫后所设于天柱汶溪，并在远口、江东两地设巡检司进行弹压，滥杀无辜，广大穷苦百姓怨声载道，纷纷揭竿而起。宣德二年（1427），虫虾寨（属今远口镇广溪村）苗族民众攻入天柱守御千户所，捣毁治所土城。万历十一年（1583），守备周弘谟“剿除坌处”后，“诸苗乐于向化”，报纳鸡粮千石有余。万历二十五年（1597），天柱守御千户所吏目朱棕（朱梓，字柳津，江苏淮安府赣榆县人），呈文申祥兵备道徐榜、分守道郑锐、分巡道陈惇临、贵州巡抚江东之、湖广巡抚李得阳、巡按赵文柄，会疏朝廷批复，准于该年四月初四日改所建县，取名天柱县，属湖广靖州。

在建县以前，天柱一带只有军事机构，没有行政机构，境内的老百姓分别由天柱守御千户所和汶溪守御千户所管辖，每所有官兵1200余人。天柱设置天柱守御千户所和汶溪守御千户所之后，千户所的官军贪功邀赏，于是故意制造事端，激化辖境内的军民矛盾，然后好向明朝皇帝请兵征剿。得到明廷的允诺后，千户所的官兵滥杀无辜，致使战祸频仍，灾害不断，民不聊生，田园大量荒芜。广大穷苦百姓怨声载道，纷纷揭竿而起。当时，富虫寨（属今高酿镇富荣村）傅良嘴、陈文忠组织清水江沿岸农民起来反抗官军，义军活跃在今湘黔交界地区，杀得官军惶惶不可终日，白天不敢出门，夜晚不敢走路。

万历十九年（1591），朱梓调任天柱守御千户所吏目。他刚走马上任后，在明廷对天柱“抚之不可，制之不可，剿之又不可”的情况下，便单枪匹马亲自到富荣寨与侗族首领傅良嘴进行谈判。当地老百姓强烈要求朱梓帮助建县，他们对朱梓说：“只要设立天柱县，朝廷派官员来治理，我们愿意归顺明朝，缴纳皇粮国税。”

此前，会同知县陆可行也曾到富荣寨与傅良嘴谈判过，但这个时候陆家出了丧事，陆可行急着回家奔丧，谈判半途而废。朱梓顺应老百姓的要求，当即答应愿意奏请明朝皇帝，在天柱筑城设县。此后，官军和老百姓之间的矛盾才慢慢缓和下来。

朱梓返回所衙，写好请求建县的皇文，呈报给湖广巡抚李德阳、巡按赵文炳和贵州巡抚江东之。他们三人商议之后，表示非常赞同，便联名奏报神宗皇帝。神宗皇帝觉得建立天柱县对治理当地的侗苗百姓功在当世，利在千秋，于是下诏撤销天柱与汶溪守御千户所，准于万历二十五（1597）年四月初四日改所建县，取名天柱县，隶属湖广靖州，并以天柱守御千户所治所为县治，吏员朱梓升任知县。因县址山形如凤，别号“凤城”。崇祯十年（1637），知县石之鼎不顾民众反对，迁县治于龙塘（今天柱县社学街道办事处田心寨），更名龙塘县。

三、清朝时期的天柱

清顺治四年（1647），境内赖洞民众反抗官府，攻破龙塘县城，杀死知县何化龙，吏员俞廷荐迁县治于雷寨（今凤城街道办事处雷寨村）。清顺治九年（1652），知县黄绳宪将县治迁回原址凤城，复名“天柱县”。雍正四年（1726）四月十六日，以天柱县与黎平府接壤而分属两省，不便治理，将天柱县由湖广靖州改隶贵州黎平府；十二年（1734）三月二十八日，改隶贵州镇远府，属贵东道辖。乾隆元年（1736），置远口巡检司（今远口镇），隶天柱县。

鸦片战争以后，天柱人民承担大量的赔款和苛捐杂税，民众苦不堪言。在太平天国运动的影响下，咸丰五年（1855）三月，在天柱爆发了以姜应芳、龙海宽（均为侗族）为首的“咸同农民大起义”，在中国革命史上书写了光辉的一页。这次起义规模之大，时间之长，人数之多，地域之广，为天柱历次农民起义斗争所不及，姜应芳成为侗乡群众人人称颂的英雄。同治元年（1862）五月，姜应芳率侗族农民起义军攻破县城，知县谢绍曾出逃。同治二年（1863），代理知县毛骞迁县治于远口（今远口镇），是年十一月，农民起义失败，县治复迁凤城。

光绪二十一年（1895），在北京会试的天柱举人杨树琪（侗族）、陈明清（侗族）、吴见举（苗族）、吴见穆（苗族），热烈拥护康有为、梁启超主张，毅然签名上书都察院，反对签订丧权辱国的《马关条约》。这次参与"公车上书"，表现了天柱学子拳拳爱国之心。光绪二十五年（1899），县内调整区划，新编户口，全县划为9里1排1所，共574寨。

四、民国时期的天柱

民国元年（1912）一月，天柱县直隶于贵州省。次年九月，天柱属黔东道（又称镇远道）。民国三年（1914），改远口巡检司为远口分县，隶天柱县。全县划为8个区：一区区署驻县城，辖今凤城街道办事处、社学街道办事处、渡马镇；二区区署驻白岩塘街（今白市街），辖今白市镇、江东镇；三区区署驻远口街，辖今远口镇、地湖乡；四区区署驻杨家寨（今竹林镇杨家村），辖今竹林镇；五区区署驻坌处街，辖今坌处镇和锦屏县的茅坪、亮江、平金、银洞等处；六区区署驻高酿街，辖今高酿镇、石洞镇；七区区署驻邦洞街，辖今邦洞街道办事处、注溪乡；八区区署驻蓝田街，辖今蓝田镇、瓮洞镇。

民国四年（1915），拨天柱所辖茅坪、亮江、平金、银洞、乌坡、合冲、令冲等村寨归锦屏县。

民国二十一年（1932），全县设8区，下辖103乡19镇。

民国二十九年（1940），调整行政区划，把天柱全县划分为4区28联保。

民国三十年（1941），贵州省政府调整各县区划，裁青溪县，将原青溪县属坪地、汪阳联保（今坪地镇八阳、八界、阳寨等地）划入天柱县。同年，将县内原28个联保合并为18个联保。

民国三十一年（1942），除将龙泉联保改为中山镇外，按县城东、南、西、北四门冠以"和平安宁"四字命名乡镇，全县划为14乡3镇。

民国三十三年（1944），取消乡镇别名，恢复原地名，改邦洞、远口镇为乡。全县划为16乡1镇。

五、新中国成立以来的天柱

1949 年 11 月 4 日，中国人民解放军第 16 军 46 师 138 团从湖南托口镇经“黔东第一关”瓮洞镇直达天柱县城，天柱宣告解放。

（一）天柱解放至 1991 年

1950 年 1 月 21 日，成立天柱县人民政府，属镇远专区。县以下设区、乡（镇）人民政府。

1951 年 7 月，增设第六区（白市区），由第三区拨出白市乡、第四区拨出兴隆乡组成。

1953 年 4 月 13 日，将全县划为 6 区 2 镇 69 乡。

1954 年增设远洞乡，隶第四区。1956 年，并 2 镇 70 乡为 2 镇 47 乡，中山镇改称城关镇，原 6 个区区名改用地名冠称。

1956 年 7 月，经国务院批准，撤销镇远专区，建立黔东南苗族侗族自治州，天柱县为其辖区。

1957 年 3 月，全县撤区乡（镇），划为 23 个片。

1958 年 11 月，全县实行人民公社化，在原来的 6 个区分建人民公社，实行政社合一，公社设管理委员会，全县划为 64 个管理区。

1958 年 12 月 29 日，国务院决定撤销天柱县，并入锦屏县，县治在三江（今锦屏县三江镇）。

1961 年 8 月 18 日，国务院批准恢复天柱县建制，辖 6 区 1 镇 28 个人民公社。

1967 年开展“文化大革命”运动，3 月 28 日成立毛泽东思想贵州省天柱县革命委员会，改公社管理委员会为公社革命委员会。

1968 年 11 月撤区并社，将全县 1 镇 47 个人民公社合并为 1 镇 15 个人民公社。

1970 年 4 月恢复区级建制，设区革命委员会，将全县 1 镇 15 个人民公社划分为 2 个镇和 36 个人民公社。

1981 年 1 月 22 日，改县革命委员会为县人民政府，改区革命委员会为区公所，改公社革命委员会为公社管理委员会。

1984 年 1 月，实行机构改革，城关镇升格为区级镇；4 月，改人民公社为乡，同时增设黄桥、北岭乡；7月，经省人民政府批准，改邦洞、坪地、蓝田、瓮洞、白市、兴隆、坌处、高酿、石洞乡为镇。全县共有6个区，1个区级镇、10个乡级镇、29个乡。

（二）1992年“建、并、撤”至2019年

1992年1月25日，经贵州省人民政府批复，同意黔东南苗族侗族自治州人民政府关于天柱县的建镇并乡撤区方案，合并建立的13个乡镇连同未合并的注溪乡、渡马乡、地湖乡，规格定为科局级。至2009年底，全县共有10个镇、6个乡，11个居民委员会和315个村民委员会。

2017年6月14日，根据《省人民政府关于同意天柱县部分乡镇行政区划调整的批复》（黔府函〔2016〕24号）文件精神，天柱县区划进行了调整，共辖11镇3街道2乡。

根据省委省政府《关于加强和完善易地扶贫搬迁后续工作的意见》（黔党发〔2019〕8号）文件精神，天柱县进行部分行政区划调整，共辖11镇4街道2乡。

第二节　天柱的文化与教育

在历史发展的过程中，天柱逐渐形成了以民族民间文化活动为基点，让其穿插于节庆文化之中，催生了一批特色鲜明、清新隽永、深具地方韵味的群众文化。

天柱历代重教兴学，文化底蕴深厚。勤劳奋进的天柱人中，涌现出诸多骄子，如明代贡生杨国土、杨应元、杨枝栋、张应奇，清代进士龚生达、宋仁溥、欧阳仕椿、杨昌江及举人徐之瑜、罗登书、杨沛泽、杨树琪、吴见举等，在省内外享有盛誉。

一、民族民间文化资源丰富

以歌养心，以歌为媒介展开礼仪是天柱民族民间文化的特色之一。无论逢年过节、喜庆丰收还是婚丧嫁娶、宗教礼仪，都要以唱歌来庆祝。天柱侗苗居民民

歌形式多样，内容丰富，题材广泛。民歌有山歌、玩山歌、河边歌、好事歌、伴嫁歌等。以唱歌为主题的玩山、赶歌场是侗族青年男女娱乐和谈情说爱、建立婚姻家庭的主要途径。竹林的阿婆坳、坌处的平芒、三门塘、渡马的莲花坪歌场等至今仍保留着赶歌场的传统。为保护和传承北侗民歌，2009 年，成立了北侗文化研究中心，吸纳国内外学术研究者对本县及周边地区文献、文化、旅游资源等进行开发研究。近年来，出版了《天柱乡土音乐教材》《北侗民歌》，成立了注溪乡少儿侗歌班、坌处镇三门塘妇女侗歌队、高酿镇凸洞民歌队等，并常年举办民族文化节日活动。

以多元与包容为特点的明清古宗祠，是天柱人文的显著代表。全县现有古宗祠 95 座，为我国西南地区最大最密集的宗祠古建筑群，把天柱境内侗族苗族的文学、绘画、雕刻艺术和审美观念淋漓尽致地展现出来。其中，县级文物保护单位 19 座，省级文物保护单位 2 座（三门塘刘氏宗祠和王氏太原祠），并形成了以新舟、龙盘、社学等为代表的家祠群。宗祠外部砖砌马头墙，正面竖牌楼，重檐翘角，镶嵌姓氏堂号或郡望，彩绘浮雕人物花鸟图案，做工精美，栩栩如生，布局协调，寓意深远。内部为穿斗式木构或抬梁式木构，设正殿、过厅、戏楼、厢房、耳房、天井等。这些古宗祠，反映了天柱人民注重美化人文生态环境的优良传统，体现出族群团结、寨际关系融洽、大家和平共处的民族精神。

总之，天柱的苗侗文化与中原文化、荆楚文化等多元文化美美与共、杂糅交融，孕育和滋养了独具特色的天柱人文风格。通过近年来的普查，不断挖掘民族民间文化遗产，以视频、录音、文字、图片的形式分门别类地建立了相应的非物质文化遗产项目档案。

民俗类有：天柱四十八寨歌会、渡马二十坪歌场、坪地六月六歌场、邦洞四月八歌场、细草坪歌场、水洞斗牛节、凸洞土皇节、注溪社节、北部方言歌会、天柱宗祠文化习俗、侗族无语贸易、天柱卡话、跳桃园。

民间音乐类有：北侗好事歌、北侗玩山歌、北侗唢呐、溪口略板略曲调、注溪溜溜歌。

民间戏曲类有：江东板凳龙、天柱文武龙。

人生礼俗类有：北侗婚俗、北侗丧葬习俗。

民间手工技艺类有：槐寨大斗笠、石洞细草鞋、地湖蜜饯、木制品雕刻技艺、灵堂剪纸艺术。

民间信仰类有：金凤山庙会、善缘寺庙会。

游艺、民间传统体育与竞技类有：月牙镗、勾林、上刀梯、民间棋类竞技。

生活习俗类有：侗族黄羔粑、远口发豆腐、织云水豆腐、侗族油茶、侗家腌菜。

通过申报，2018 年已有国家级非物质文化遗产代表作名录 1 个，省级非物质文化遗产代表作名录 10 个，州级非物质文化遗产代表作名录 13 个；已公布省级传承人 2 人，州级传承人 4 人，县级传承人 19 人。

二、秉承重教传统效果显著

天柱素有重教兴学的传统，从传统的儒学教育到新式教育，在不同的时期，均取得了令人瞩目的成效。

（一）传统儒学教育

1. 官学教育

官学教育主要包括县学、官办书院和社学。

县学，作为天柱地区的最高学府，备受历代地方官吏重视。明万历二十五年（1597）天柱建县伊始，县令朱梓便着手在城南建立天柱县学，第一任教谕由岁贡陈朝疏充任，择童子优秀者 29 人入学。后又拨靖州、会同诸生 30 人附读，以为表率。崇祯十年（1637）县学被毁。清顺治九年（1652），重建县学于城南。康熙三十三年（1694），知县王复宗迁建于城北。道光年间迁建于县署左。同治初期毁于兵燹，光绪三年（1877）重建于北门外故地。实际上，作为治理边远地区的重要措施，县学在教化“蛮夷”中的重要作用在（康熙）《天柱县志》中已多次提及。

书院，大体说来是一种高于蒙学，不列入国家学制的教育机构。但书院常常作为官方支持的另一类教化场所，亦为官方所重视，进而出现官办书院。清水江下游的天柱，随着王朝势力的次第进入，书院随之而来，明万历二十五年（1597），天柱县令朱梓创办开化书院，在城东学宫之前“置田租为子弟延师肄业之资”，这是天柱县所见创办最早之书院。

遗憾的是，“朱公以后，鲜克修举，遂至倾圮无存”。幸而至清乾隆二十五年（1760），知县马士升“卜地于城之南，芟草莱，命匠役面东而向，构讲堂三间。讲堂后为正室三间，生徒斋舍一十八间，左右各九，正定两隅，葺偏厦四间为庖厨，为茶房薪炭所。讲堂前为大门三间，左右各一间，舆台司事可以栖息，外建牌房一座，援柱邑旧名，额以'凤城书院'四字，前后左右绕以垣墙，树之杉柏，一切经营，皆相其方位而次第布焉"[①]。道光二十四年（1844），知县俞汝本倡捐重修，"增置田亩以资修补膏火卷资各费"，同治年间毁于兵燹。光绪三年（1877），署县张继辉筹款重建，更名为凤山书院。作为知名于清水江下游地区的著名书院之一，其在传播文化、培养人才等方面都起到了积极的作用。

书院之外，亦有社学。所谓社学，即指一社之学。明代设有一套里甲制度，以 110 户为一里，在里内设有社祭。所以，凡是设于里中之学，即可称为社学。社学由地方官府倡导建立，是乡村社会中重要的教育机构。明清以来，社学已纳入科举制的轨道，为科举考试培养了大量应试的童生。

天柱社学盛于明末清初，在《建天柱县咨文》中，强调"建立社学以移易风俗"。天柱的社学主要有：兴文社学、宝带桥社学、钟鼓洞社学、聚溪社学、柳霁社学。社学在清水江下游的天柱地区普遍设立，极大地促进了天柱基础教育的普及，对乡村社会的文化传播，倡导民众"明伦敬身"等方面具有重要意义。

2. 私学教育

私学教育主要包括书院、义学和私塾。与官学相应，私学在清水江下游地区的天柱亦非常活跃。清康熙年间，吴万年捐资创建延龄书院，校舍初建于远洞之南，后迁远口老寨唐家园，为合族子弟读书肄业之所。

道光年间，县令俞汝本"札族人吴正海等重新改建"，因其对边疆教育事业之贡献颇大，以致贵州巡抚贺长龄亦题"咏烈颂芬"匾额悬挂于讲堂之上。咸丰末毁于兵燹，至光绪二十二年（1896），由地湖恩贡吴宝臣等捐资重建，继续发挥其以宗族为中心的教育功能。

嘉庆十三年（1808），天柱柳霁分县县丞金春谷召集贡生吴化鹏、廪生罗云英等地方士绅在柳霁城北郭外创办蔚文书院。

光绪二十八年（1902），由居仁里邦寨、地坝等村民按户乐捐创办白云书院，校址在黄哨山白云庵左侧，聘请被贬谪的国子监教习曾廉为山长。

---

① 参阅《创修凤城书院碑记》，碑石现已佚，转引自（清）林佩伦等修：《续修天柱县志》卷八《艺文志》。

书院之外，亦见义学。义学之教育对象，不仅专教本族子弟，而且兼及别姓子弟，甚至邻里乡党。由其如此，乡村社会中即便社学之制败坏，明代的乡村仍是“虽村居里巷，而弦诵之声不辍”。所以，至清朝，统治者对义学颇为重视，清康熙五十四年（1715），曾下谕“穷乡僻壤皆立义学”。地方政府亦积极响应并大力倡导，各地由此兴起开办义学之风潮。地处边远的清水江下游的天柱之地，义学亦非常兴盛。乾隆年间，县令谢圣纶“于学宫左畔设义学，建瓦屋子九楹”。雍正八年（1730），创办柳霁义学，设在蔚文书院内，乾隆五十二年（1787）停办，道光十八年（1838）复建。清初设立三门塘义学和地坌义学。

私塾教育是中国古代最基础的教育，在民间广泛设立并由私人经办，名称各有不同。明清时期私塾遍及清水江下游地区的城乡各地。据《续修天柱县志》记载：明万历二十五年（1597）天柱建县前，靖州诸生杨上卿设教馆于天柱，从学多人。到民国四年（1915），全县有私塾 225 所，学生 3717 人。

天柱域内较为著名者有凤鸣馆，坐落于坌处镇抱塘村，据乾隆二十一年（1756）《凤鸣馆碑记》载：“我团原有旧馆，世讲学其中，奈基非久臧，数徙靡定（屋），竟未有名焉。至乾隆丙辰，于村左选地，卜其山明水秀，峰峦排列，复迁于斯”，到乾隆二十一年（1756），因“视其旧馆窄狭”，故“鼎新重建”。高酿三圣宫义塾，嘉庆年间由罗再趋、罗顺技在坪地寨创办，咸同年间毁于兵灾，光绪二十年（1894）重修。地锁私塾，位于蓝田镇地锁村杨家庵，光绪三十二年（1906）创办，学生 18 人，聘请湖南新晃县蒲横秋为师。远口义塾，光绪三十二年（1906）由地湖吴宝成将延陵书院改名而来。另外还有邦洞学馆。

这些林立于清水江下游地区的私塾，一方面为乡村社会的基础教育做出了重要贡献，使得乡村民众在日常生活中，渐渐懂得文化的重要性，也由此而知荣辱、明礼节。另一方面，也使得清水江下游地区社会在文化的普及中，逐渐知道自己的权利和义务，清代中后期这里通过诉讼维护自己权益的风气已经比较盛行。①

① 清水江下游地区大量清代契约文书的存在，足以说明乡村民众的知识文化水平较之前代有了明显的提高，同时，流传于清水江下游地区的“清江四案”，也足以说明该地民众权利意识和诉讼观念的增强，这些变化，教育的普及无疑起到了非常关键的作用。

（二）科举人才逐年增多

科举考试是选拔人才最主要的途径，天柱的科举自明朝万历年间开始，中试者逐渐增多。随着教育的发展，天柱读书应试之人日益增多。明万历二十八年（1600），蒋彦方第一个考中岁贡，从而成为天柱有贡生之始。天柱在明清两代共考中贡生 146 人，其中明代拔贡 4 人、岁贡 24 人、选贡 2 人，清代拔贡 14 人、岁贡 99 人、附榜 3 人。[①]

雍正年间，岁科各取进文童生 12 名，岁试取进武童 12 名，廪膳生员 20 名（额原二年一贡），增广生员 20 名，拔贡生 1 员（12 年考选 1 次）。[②] 雍正七年（1729），徐之瑜（城坊人）中乡试榜第 18 名，乃为天柱有举人之始。天柱在清代共考中举人 20 人，分别是徐之瑜、龚生达、罗登书、宋仁溥、欧阳仕椿、袁大选、孙世贤、胡兴邦、杨昌焕、舒凤仪、吴宁馨、杨光地、陈联珊、杨宜科、杨昌江、吴鹤书、杨树淇、杨居敬、吴见举等。武举人有杨大魁、刘明璜、刘明□、杨洪照、刘上标 5 人。

乾隆元年（1736），龚生达（城坊人）中丙辰科进士，是为天柱有进士之始。清代天柱共考中进士仅 4 人，详见下表。

表 1–1　乾隆年间天柱进士一览表

姓名	年号	公元	科名	籍贯	甲第
龚生达	乾隆元年	1736 年	丙辰	城坊人	三甲二百二十六名
宋仁溥	乾隆三十一年	1766 年	丙戌	新舟人	三甲一百十七名
欧阳仕椿	乾隆四十年	1775 年	乙未	雷寨人	三甲八十六名
杨昌江	咸丰六年	1856 年	丙辰	乐寨人	三甲八十九名

资料来源：朱保炯、谢沛霖：《明清进士题名碑录索引》，上海古籍出版社 1980 年版；在《明清进士题名碑录索引》中，籍贯部分均写为贵州天柱，现根据县志而作。

列举这些名录旨在说明，处于边远地区的清水江下游的天柱地区，在今天虽也仅是 40 万人口的县，但自其立县附籍王化之后，随着文教和王朝国家的不断拓殖，亦渐渐涌现出了一些可以跻身仕宦阶层的人物，他们又进一步通过自己的

① 贵州省天柱县志编纂委员会：《天柱县志》，703 页，贵阳，贵州人民出版社，1993。

② 参见（清）林佩伦：《续修天柱县志》卷四之《学额学田》。

声音为这个边远少数民族地区获取了更多的教育资源，进而使得整个区域都兴起了对文教的热情。

（三）新式教育

鸦片战争后，“天朝上国”被夷狄的“坚船利炮”所打败，有识之士开始寻求强国御辱之道。以“求强求富”为宗旨的洋务运动应运而生。在实践中，洋务派日渐认识到，只能造就“科举之才”的旧式学堂已不能满足社会的需要，清同治元年（1862），以京师同文馆为肇端，洋务派兴办了许多西文、西艺学堂。甲午战争后，更多的仁人志士提出了废除八股取士、改革科举制度的要求。光绪三十一年（1905），清政府明令废科举，兴学堂，由此新式学堂遍设，数量大增。

光绪三十二年（1906），天柱知县方正在凤山书院旧址创办官立高等小学堂。次年，知县邹毅洪筹款创办学堂，时有教员6人，职员3人，学生210名。宣统元年（1909），邑绅邓启藩、龚其昌、胡锡三、蒋益三、苏元才等于城西街创办育英初等小学堂。宣统元年（1909），邑绅杨维新、杨寿勋于岩寨八甲创办公立存养初等小学堂。此外，还有高酿上花龙令钦创办的上花初等小学堂，渡马杨秀炳创办的渡马初等小学堂，杨树琪捐资创办的蓝田楞寨初等小学堂等。民国初年，按照国民政府颁布的《普通教育暂行办法》《小学校令》，县知事胡吉卿对清末小学堂进行整顿，创办国民学校，推行四年制义务教育。到民国四年（1915），天柱全县共有国民学校30所，在校学生1677人，教师87人。

1915年，为达到化私塾为学校，以期普及初等教育目的，天柱县对225所私塾进行改造，3717名学生成为小学学生。

1915年，天柱县劝学员长龚其昌、县视学张懋修、高等小学校校长邓大宾创办天柱中学，新生68名。到1915年，天柱官立高等小学校“现经轮招四班，卒业三班，其学生已逾二百余人。下而初等，城乡人立四十余所，其学生已逾三千余人。上而中学，柱邑又成立一所，初招学生一班，已逾六十余人”[①]。

1945年10月，贵州省政府“准予增设高中部”。1948年，蒋景圭自筹资金在白市创办私立弘道初级学校；同年，吴绍文创办蓝田昌文初级中学。

新式教育的兴起，表明清水江下游的天柱地区，已经可以紧跟国家时代的

① 据《人文蔚起》碑记载。

步伐。这或许是民国初年天柱地区涌现出诸多为国为民而奋斗的将军之原因，显然，这也是明清以来该地受教育熏陶的结果。

反思新中国成立以前的天柱教育，我们可以看到，天柱自明清以来就形成了社会力量办学的良好传统，加速了天柱与外界的沟通和交流。科举考试要求乡试在省城贡院、会试在京师举行，这就密切了中央和地方的关系，增强了向心力，搭建了中央与地方之间相互了解的桥梁。如贵州省第一位苗族翰林院庶吉士宋仁溥，其族人修建宗祠以纪念他，在宋氏先祠正门上的彩塑就有宋仁溥，大门两侧的门联书有“赋梅宅地承传文明家声远，仁溥翰墨辈出英才族扬名”，显然是要激励宋氏后裔以宋仁溥为榜样，努力进入仕途，以扬族名。科举制以儒家经典为考试范围，获取功名的荣耀感，促使更多的人倾向于科举，从而推动了地方社会文化的进步。

捐资助学能赢得社会的认同，政府时常有颁奖之举、民间有刻碑之举，如贵州巡抚贺长龄题“咏烈颂芬”匾额给远口延龄书院。明清两代，天柱捐资办学的风气浓厚，有官有民，有教职也有生员，官员们往往率先垂范，富裕之家则积极响应，普通人家也竭已所能，体现出一种全民动员的色彩，也是全社会普遍认同儒家文化和汉文化的一种体现。正是由于社会各界的积极捐资，天柱各项教育事业才得以蓬勃发展，对推动天柱教育的发展无疑起到了积极的促进作用。

明清以来天柱养成了重视教育的良好氛围。明清时期清水江下游天柱地区的教育事业从无到有，进而繁荣乃至后世有称之为文化大县者，实得益于教育兴起带来的良好文教风气。尤其是社会关心教育，民众重视教育，使得这个明清时期处于偏远之地的少数民族地区现今已成为教育颇为发达的县份。天柱重视教育的氛围直到今天依然浓厚。

第二章　加强政治建设　全面深化改革

早在革命战争年代，以毛泽东为代表的中国共产党人，在创建人民政权、发展民主政治方面就进行了卓有成效的探索，积累了丰富的经验。中华人民共和国成立后，我国实行了人民民主专政的国体和人民代表大会制度的政体，实行了中国共产党领导的多党合作和政治协商制度以及民族区域自治制度。这些伟大实践奠定了我国政治建设和政治文明发展的基础。天柱县委、县政府为了充分动员各族各界人士和爱国人士参与国事，在县委的领导下，做了大量的民主政治建设工作。

第一节　建立社会主义民主政治制度

1949 年 11 月 4 日天柱解放时成立的中共天柱县委、天柱县人民政府，既是天柱县地方国家权力机关，又是地方国家行政机关。1950 年 3 月到 1954 年 6 月，县委根据《天柱县各族各界人民代表会组织通则》精神，设置天柱县各族各界人民代表会议，行使人民代表大会部分职权。1954 年 6 月开始，天柱县地方国家权力机关是天柱县人民代表大会，但没有设置常设机构。十年“文化大革命”期间，人民代表大会制度被取消。1981 年 1 月，天柱县第八届第一次人民代表大会召开，这次会议，不仅确定了天柱县的国家权力机关是天柱县人民代表大会，而且第一次设立了天柱县人民代表大会常务委员会。

一、建立人民代表大会制度

中华人民共和国的一切权力属于人民。人民行使国家权力的机关是全国人民代表大会和地方各级人民代表大会。在天柱，人民代表大会制度历经了过渡、确立两个阶段。

（一）作为过渡的天柱县各族各界人民代表会议

1950年3月1日，中共天柱县工委主持召开天柱县首届各界人民代表会议筹备会。会议确定了首届各界人民代表的产生办法，成立会议秘书处，具体抓会议筹备工作。从第二届起，会议名称改为各族各界人民代表会议。至1954年县人民代表大会召开前，县各族各界人民代表会议代行县人民代表大会部分职能。

1950年11月26—30日，天柱县第一届各界人民代表会议在县城召开。应到代表133人，实到代表90人。其中，农民代表35人，工人代表6人，妇女代表16人，党、政、军代表33人。县委书记兼县长张金屏代表县人民政府作《政府工作报告》。

会议的中心议题是讨论清匪、反霸、减租、退押、征粮、发展生产。会上通过了10项重要事项：完成征收公粮及税收任务、保持财政收支平衡、稳定物价、支持人民解放军剿匪；减租减息；反恶霸斗争；发展生产；整顿城乡工商业组织；发展文化教育；清理公共财物；建立青年组织；禁止鸦片烟毒生产、销售、贩运；宗祠、庙会财产用于发展地方教育事业。

会议通过协商、选举，产生了第一届各界人民代表会议常务委员会。常务委员会由县委、政府、教育、军队、经济各界人士及工人、农民、民主人士计13人组成（其中侗族6人，苗族2人，汉族5人）。主席张金屏，副主席龙和甫、吴绍文，秘书长龙跃璜，驻会常委孔焕章。选举欧阳淇和第五区农民杨胜学为出席省首届各界人民代表会议代表，选举出席天柱首届各界人民代表会议代表47名。

天柱县根据《天柱县各族各界人民代表会组织通则》规定，于1950年11月设置的天柱县各族各界人民代表会，既是天柱县人民代表大会召开前的权力机构，又是团结统战的议事机构。天柱县各族各界人民代表，在进行接管建政、反封建斗争、恢复经济工作中，积极协助政府贯彻执行党的方针、政策，发挥了重要作用。至1954年5月止，天柱县先后召开了六届各族各界人民代表会会议，参加会议代表1254人次。1954年6月天柱县第一届人民代表大会召开，取代了各族各界人民代表会议。

（二）天柱县第一次人民代表大会召开

1953年1月，中央人民政府作出《关于召开全国人民代表大会及各级人民代表大会的决议》。2月，《中华人民共和国全国人民代表大会及地方各级人民代表大会选举法》公布实施。1953年7月，按照该选举法规定，天柱县成立选举委员会，组织开展全县第一次普选工作（以后历次选举，都成立选举委员会主持选举工作）。县人民代表大会代表与乡（镇）人民代表大会代表同时选举产生。至1954年6月，第一次普选工作结束，全县选出县人民代表138人，选出乡（镇）人民代表2084人。1954年通过的《中华人民共和国地方各级人民代表大会和地方各级人民委员会组织法》规定，地方各级人民代表大会的执行机关是地方各级人民委员会，它同时行使同级人民代表大会常设机关的职权。

天柱县首届人民代表大会一次会议，于1954年6月29日至7月3日在县城召开，到会代表129人。会议审议、批准县委书记李洁生受县人民政府委托作的《一年来工作及今后施政方针报告》，听取公安局局长邢庆训作的《关于学习宪法（草案）报告》；选举出席省首届人民代表大会代表3名。会议还作出粮食统购统销、进行劳动生产教育、颁发土地证、开展卫生工作、拥护宪法（草案）、发展互助合作、发展生产、镇压反革命等8项决议案，并解答提案31件。

二、建立政治协商制度

遵照《中国人民政治协商会议共同纲领》，1955年4月25—29日，中国人民政治协商会议天柱县委员会第一届第一次委员会议在县城召开。会上，协商讨论了县内农业、手工业和资本主义工商业的社会主义改造及普选工作，委员递交了发展国民经济方面的提案和发展农业生产、开展增产节约等方面的提案多件。至“文化大革命”开始，天柱县共召开了4届政协会议。在中共天柱县委领导下，这4届政协会议的召开，为进一步发扬民主，团结各族各界和爱国知识分子同心同德、奋发图强，为完成国民经济的调整任务，争取社会主义建设新胜利做出了较大的贡献。

第一届天柱政治协商会议召开后，天柱县委认真贯彻执行中国共产党领导的多党合作和政治协商制度，坚持“长期共存、互相监督、肝胆相照、荣辱与共”的方针。在人民政协中，充分发挥政协委员的政治协商、民主监督和参政议政的作用，鼓励委员为全县政治、经济、文化的发展积极建言献策。按照新时期新阶段党的统一战线方针，做好选拔推荐政协委员工作。并通过统战部利用传统节日召开有政协委员、民主人士参加的民主座谈会，探讨兴县富民大计。

第二节　健全社会主义民主政治制度

人民代表大会制度和政治协商制度是中国共产党执政兴国的两大根本制度。1979 年以来，天柱县委认真落实党的十一届三中全会提出的健全社会主义民主政治和加强社会主义法制建设工作，天柱县的民主政治建设得到加强。

一、健全民主政治制度

1981 年 1 月 18—25 日，天柱县第八届第一次人民代表大会召开，这次会议，第一次设立了天柱县人民代表大会常务委员会（下文简称“县人大常委会”）。县人大常委会在本级人民代表大会闭会期间，行使人民代表大会职权，讨论、决定本行政区内的重大工作事项；监督本级人民政府、人民法院和人民检察院工作；撤销本级人民政府不适当的决定和命令；撤销下一级人民代表大会不适当的决议；依照规定权限决定任免本级国家机关工作人员；罢免和补选上一级人民代表大会的个别代表。

此后，县人大常委会每年定期召开一次代表例会，每三年召开一次全体会议，听取和审议“一府两院”（县人民政府和县人民检察院、县人民法院）工作报告和财政、经济、教育等方面的工作报告，部署当年的工作任务。大会期间，充分听取人民代表的建议、批评和意见，充分发挥人民代表的作用，保障人民的知情权、参与权、表达权、监督权，把县委的主张通过法定程序变为政府和全县人民的意志。人民代表大会的职能同时不断得到完善。人民代表大会的代表在性别、年龄、文化等方面的结构也不断得到改善。县人民代表大会召开县人大常委会讨论决定重大事项时，邀请县有关部门负责人、乡镇人大主席团主席或副主席及基层部分人大代表列席会议。

“文化大革命”中，政治协商制度被取消，1979 年 11 月，天柱县委统战部恢复，随即着手政治协商制度的恢复工作。

1981 年 1 月 18—25 日，政治协商会议天柱县第五届委员会第一次会议召开，出席会议的政协委员增加了在台人员的亲属、原国民党起义人员、摘帽地主，委员代表性比以往更加广泛。

此后，县政协每年定期召开一次例会，每三年召开一次全体会议（1993 年以后，天柱县人大和县政协每五年召开一次全体会议），进行换届选举。并围绕团结和民主两大主题，积极推进政治协商、民主监督、参政议政，把政治协商纳入决策程序，完善民主监督机制，提高参政议政实效。

1990 年 3 月 18 日，天柱县委统战部召开了全县各族各界党外民主人士会议，学习贯彻《中共中央关于坚持和完善中国共产党领导的多党合作和政治协商制度的意见》。8 月 28—29 日，县委召开全县统战工作会议，贯彻中央和省委统战工作会议精神。会议进一步强调，统一战线是我们党的三大法宝之一。在社会主义现代化建设中，统战工作不是削弱，而是进一步加强。党的各级组织要加强对统战工作的领导，充分发挥党外民主人士在各项工作中的重要作用。要落实党的知识分子政策和民族统战政策，做好海外统战工作，积极培养民族干部；要加强同各民主党派的团结与合作，开展智力支边，大力培养农村科技人才，振兴天柱经济。1991 年 6 月，县委成立了对台工作领导小组。组长潘盛灯，副组长王绍源、石宪昌。3 年中，共接待回乡探亲台胞 171 人次，其中回乡进行经济考察的有 11 人次。通过热情接待，相互沟通，加深了感情，促进了海峡两岸人民的密切往来，扩大了统一战线。

1991 年 12 月 30 日，县委成立了县工商联筹备组。组长潘盛灯，副组长王绍源、吴开鑫。1992 年 5 月 26 日，全县工商联第五次代表大会召开，选举产生了第五届工商联执行委员会，中断了 26 年之久的县工商业联合会在改革开放中重新恢复建立。通过工商联的工作，加强了党与工商界特别是个体工商户的联系，有效促进了工商企业的改革和发展。

2001 年 1 月 8 日，天柱县委制定了党员县级领导干部同党外人士、非公有制经济代表、中高级知识分子联席制度。同年，在各乡镇党委和县直机关 13 个部门的党组织中配齐了统战委员。为进一步加强民主决策，县委还建立和坚持四大班子联席会议制度，全县大政方针、重大事宜如城镇建设、农业综合开发等，均召开联席会议确定，努力推进决策科学化、民主化，提高决策水平和工作效率。

为保证人民群众直接行使民主权利，天柱县委决定，在农村实行村务公开，在工矿企业推行厂务公开，在行政、事业单位推行政务公开，通过不同形式的厂务、政务公开，加强了基层民主，加强了群众和社会监督，一些不正之风得到遏止。

二、完善民主监督制度

恢复人民代表大会制度，设立县人民代表大会常务委员会后，对政府、法院、检察院实行民主监督；县级党政机关设立了县纪委、司法局、监察局、物价局、审计局、国土局等执法执纪监督机构。为正确贯彻落实党和国家的方针政策，与党中央保持高度一致，做了大量工作。

一是认真清理地方性法规，维护国家法制的统一。2001 年 11 月 19 日，天柱县委、县人民政府成立了天柱县清理地方性法规、地方政府规章和其他政策措施工作领导小组。12 月 6 日发出《关于认真做好清理地方性法规、地方政府规章和其他政策措施工作的紧急通知》，要求全县各级党政机关、行政和企事业单位、人民团体，按照中央和省关于清理工作的原则、范围、标准，对现行有效的地方性法规、地方政府规章和其他政策措施，逐一对照检查，认真进行清理。

二是严格依法依纪办案，努力做到公平、公正，对违纪办案实行责任追究制度。1999 年 4 月 13—15 日，县纪委召开第三次全委会议，贯彻州纪委第六次全会精神，通过了《中共天柱县纪委、天柱县监察局关于违纪办案实行责任追究的制度》。

三是建立党政联合督查室，履行对上级党委、政府和县委、政府重要决策部署贯彻落实的督促检查。1998 年 8 月 5 日，县委、县人民政府联合成立督查室。从县委办、政府办和纪检监察部门抽人办公。1999 年 6 月 18 日，县委、县人民政府发出《关于切实加强督促检查工作的意见》，要求各级党政领导对督查工作提高认识，建立健全督查机构，明确督查主要职责，加强督查力度，确保上级重大决策的贯彻落实。

2006年4月30日，县委发出《天柱县贯彻落实〈建立健全教育、制度、监督并重的惩治和预防腐败体系实施纲要〉责任分解表》，强化措施，加强督促检查，确保目标任务落实。对领导机关、领导干部遵守党的政治纪律情况、贯彻落实科学发展观情况、执行民主集中制情况、落实领导干部廉洁自律规定情况进行检查，对重要领域关键环节，如干部人事制度执行情况、司法权行使情况、行政审批权和行政执法权行使情况、财政资金和金融运行情况实行监督。

2007年3月21日，县委同意县政协党组按照政协章程对法制委、经济科技、文史教卫体人口与资源环境四个专委成员进行调整。

2008年11月25日，天柱县委批准统战部关于政协天柱县第十二届常委、委员的增补和免除人员的请示。11月30日，发出《关于加强政治协商“三在前”“三在先”制度建设的实施方案》，要求全县各级党委、党组要认真学习贯彻《中共中央关于加强人民政协工作的意见》，增强做好人民政协工作的使命感和责任感，切实做到思想上重视、政治上关心、组织上保证、工作上支持、经费上保障，促进县政协在全县经济建设、政治建设、文化建设、社会建设中发挥重要作用。

2009年7月，天柱县委组织社会各方面代表633名，按照履行职责、党政（事务）公开、办事效率、服务态度、勤政廉政等六个方面，对全县党群系统23个单位、政府系统61个单位、省州驻县26个单位进行民主测评。

2011年，在中共天柱县委的领导下，深入贯彻中共中央《关于加强人民政协工作的意见》，按照天柱县第十一次党代会确定的奋斗目标，紧紧围绕团结和民主两大主题，认真履行政治协商、民主监督、参政议政职能，求真务实，开拓创新，扎实工作。

2014年，天柱县委、县政府认真学习贯彻习近平总书记在庆祝中国人民政治协商会议成立65周年大会上的重要讲话精神，支持县政协依照章程独立负责开展工作，把政治协商纳入县委决策程序。坚持把协商民主作为重要内容纳入党委、政府年度工作，并认真组织实施。高度重视政协委员的意见建议，2014年政协委员提出提案 103 件，立案 103 件。

2016 年，广大政协委员积极围绕全县经济社会发展的重大问题和人民群众普遍关心的重点、难点、热点问题提交提案 606 件，提案办复率达到了 100%，群众和委员满意率达到 95% 以上，一些事关群众切身利益的问题通过民主监督得到了有效解决和落实。

2018 年，县政协始终聚焦改善保障民生，围绕农业产业扶贫、文化产业培育、城镇建设管理、工业经济发展和农村人饮工程管理及人民群众关心的热点难点问题开展 6 次专题视察活动，如实反映情况，坦率提出建议，推动有关工作措施的落实，发挥民主监督作用，助推社会经济发展。

三、维护社会稳定坚持依法治县

（一）依法打击违法犯罪活动，维护社会稳定

1980 年 1 月 1 日，《中华人民共和国刑法》《中华人民共和国刑事诉讼法》公布实施。县委号召全县党员、干部和人民群众，努力学法、用法，依法办事。1 月 28 日，县委批转县社会治安领导小组《关于整顿当前城乡社会治安意见的报告》。要求各级党组织必须加强领导，动员干部群众配合政法部门做好治安管理工作，整顿好当前社会治安秩序，发展全县安定团结政治局面，确保社会主义现代化建设的顺利进行。8 月 31 日，县委建立了由刘其昆任组长的县委政法小组，负责处理公、检、法部门在执法中出现的共同性问题。11 月 19 日，根据省府（1980）161 号文件精神，县委同意在县人民政府设立天柱县司法局，负责司法宣传、法律咨询、法律服务、法律公证等工作。

法制宣传、社会治安综合治理是维护社会安定的重要措施，打击和制止各种违法犯罪活动是维护社会安定的重要手段。1981 年 3 月 2 日，县委批转县委政法小组《关于继续开展整顿社会治安，打击和制止各种严重犯罪活动，进一步巩固和发展安定团结大好形势的意见》，批示指出，各级党委、政府要加强领导，各有关部门要密切配合，充分依靠和发动干部群众，揭露和打击各种严重刑事犯罪、严重经济犯罪活动，维护社会主义法制尊严，确保生产、工作、社会秩序的正常进行。当时接到群众举报，个别干部乘党放宽农村政策之机，进行偷种罂粟的违法活动，县委、县人民政府立即组织人员调查落实，对严重违法犯罪人

员，依照党纪国法进行严肃处理。4 月，社会上出现一股争坟山、掘坟墓的歪风邪气，非法成立组织，向群众摊派粮款，扰乱社会治安，县委、县政府及时研究处理，发出《紧急公告》，制止这种非法活动，并组织有关部门协助基层党政机关处理民间遗留的坟山纠纷，对肇事者依法处理。县城是全县政治、经济、文化、教育中心，为保证县城社会治安的稳定和经济体制改革的顺利开展，8 月 17 日，成立了城关地区整顿社会治安工作领导小组，由王广清任组长，杨友年、乐承英、刘兰斌任副组长，负责抓好城区的社会治安工作。全县“严打”开始，各种严重刑事犯罪受到有力打击。以后，对抢劫、盗窃、流氓团伙、拐卖人口、种毒贩毒等进行了多次严厉打击。

1982 年 3 月 22 日，县委成立打击经济领域严重犯罪活动领导小组。对在经济领域中出现的贪污盗窃、投机倒把、破坏工厂设备的严重犯罪分子，依法坚决打击。到 7 月底，全县立案查处经济犯罪案件 72 起 74 人，缴获赃款计 318 万元。涉及区级干部 4 人，股级干部 12 人，职工 57 人，农民 1 人，其中党员 24 人。经查实结案，依法逮捕 3 人，收审 3 人，停职反省 6 人，退出财款、财物（折款）9.3 万元。8 月 10 日，县委发出《关于狠狠打击经济领域中严重犯罪活动的意见》，要求各级党组织继续深入领会中共中央和省、州委文件精神，要抓大案要案，注重证据，抓出成效。根据中共中央指示，为进一步加强党对政法工作的领导，县委于 12 月 17 日撤销政法小组，建立县委政法委员会，明确杨秉忠、修宝善任副书记。在县委领导下，政法机关干警齐心协力，从重从快打击各种严重刑事犯罪分子。

1983 年，全年摧毁各种犯罪团伙 54 个，依法逮捕罪犯 224 名，判处死刑 13 名，张扬了社会主义法制，维护了社会治安的稳定，受到广大人民群众的拥护和支持。

为了维护社会稳定，保障改革的顺利进行，县委支持政法部门积极开展工作，加强社会治安管理，打击各种违法犯罪活动。1984 年 9 月 24 日，县委成立了天柱县社会治安综合治理领导小组，由黄再琳任组长，申群炳、杨胜玖、任永模任副组长。办公室设在县政法委，杨胜玖兼任主任。各级党组织加强对社会治安综合治理工作的领导，依靠广大群众的支持，建立健全基层治保和调解组织，积极配合公安机关，做好社会各方面的管理，确保社会秩序的稳定。12 月 10

日，县委决定把打击经济领域严重犯罪活动领导小组办公室归属县纪委领导。

1985 年 4 月 9 日，县委决定成立天柱县反间防特领导小组，姚学义任组长，杨胜玖、杨秉忠任副组长，加强对县级国家安全的领导。7 月 7—10 日，县委召开全县政法、纪检工作会议，各区、乡（镇）党委分管政法、纪检的副书记、纪检员、派出所长、法庭庭长、司法助理、民政助理等参加。会议传达贯彻中央、省、州委关于纠正新的不正之风的文件，讨论实现社会风气和党风根本好转的措施。

1986 年 4 月 22—25 日，县委召开全县政法工作会议，贯彻全国、全省政法工作会议精神，组织开展“严打”第三战役。5 月 26 日，县委成立反盗窃斗争领导小组，姚学义任组长，杨胜玖、杨秉忠任副组长。12 月 18 日，成立天柱县清理乱砍滥伐领导小组，组长李江贡，副组长谌业增、杨胜玖、彭金章、杨文彦，全面清查屡禁不止的乱砍滥伐行为。

1987 年 3 月 21 日，县委决定在全县开展打击破坏生产器材、电力通讯设备和乱砍滥伐犯罪活动。4 月 30 日，县委、县政府在灯光球场召开公审群众大会，县法院在会上依法判处犯罪分子 8 名，龙昭干在会上要求广大干部群众自觉遵纪守法，保护森林资源，揭发检举违法犯罪分子，维护国家法律尊严。

1988 年 4 月 18 日，天柱县委召开全县政法工作会议，落实省、州委关于集中统一打击刑事犯罪的活动。这次全县统一行动，天柱县政法系统全力投入战斗，打击了社会上的歪风邪气，助长了人们的正气。

1990 年 11 月，县委召开全县政法工作会议，贯彻落实全州政法工作会议精神。根据全州会议要求，制定了全县社会治安综合治理五年规划和社会治安综合治理达标实施方案，把任务、目标分解落实到基层，强化普法工作和治安管理，提高群众法律意识，增强法制观念。

1991 年 1 月，根据省、州部署，于一季度集中开展广泛深入的“扫黄”战役，打击的重点是重新抬头的“制黄”“贩黄”和非法出版活动，整顿书刊市场和音像市场，清除“扫黄”死角，依法惩处一批顶风作案的罪犯。

1990—1992 年，通过“严打”斗争，破获刑事案件 1655 起，摧毁犯罪团伙 320 个，依法抓获犯罪人员 1938 人。打击了严重刑事犯罪分子，张扬了社会主义法制，维护了国家和人民利益，保障了改革开放和经济建设的顺利进行。

1994年3月，县委对县、乡（镇）政法综治机构人员进行了充实，并在机关、企事业单位和各村（街道）成立综治领导小组、治保组织、调解组织。8月，县委、县人民政府发出《关于集中整治农村社会治安的决定》，贯彻中央领导对召开全国农村社会治安综治工作会议的批示，部署集中整治全县农村社会治安工作。

1996年7月，县委、县政府发出全县社会治安综合治理五年规划和“平安工程”实施方案，继续加大法制宣传，严厉打击各种刑事犯罪，维护社会治安稳定。

1999年4月，县委召开全县政法工作会议，传达全省全州禁毒工作会议精神，部署全县政法工作和禁毒工作。

2001年1月，县委召开常委会议，决定把州委维稳工作紧急会议精神及时传达到乡（镇）、村党组织。要求党员领导干部要讲政治，与党中央保持高度一致，提高敏锐性和执政水平。5月，成立天柱县查处大要案协调小组，为维护全县社会稳定开展了一系列工作。

2002年，天柱县积极开展“严打整治”斗争和“春夏扫毒风暴”行动，依法严厉打击毒品犯罪、经济犯罪和刑事犯罪。

2003年，天柱县通过建立健全治安防控体系，强化基层综治职能，落实工作责任，扎实开展五月综治宣传。

2004年以后，全县社会治安防范工作力度进一步加大，防范工作开始逐步走向制度化、规范化、网络化。至2005年底，全县共有县综治委成员42人，县综治办专职人员2名，乡镇综治委16个314人，综治办16个57人（专职32人、兼职25人），治保委345个1316人，调解组织340个1331人，专职治安联防队2支34人，义务治安联防队380支3332人，保安人员84人，护厂队43支148人，护校队89支697人，综治信息员4586人。

2006年5月，开展“打黑除恶”专项斗争。2007年12月17日，县委发出《关于深入开展“平安天柱”建设意见》，随即深化“打黑除恶”专项斗争。

为切实维护良好发展环境与和谐稳定的社会环境，自2008年起，天柱县着力抓好社会治理体系建设，取得明显成效。第一，着力推进依法治县。认真贯彻落实依法治国基本方略，严厉打击各类破坏和扰乱经济建设、社会管理秩序的违法犯罪活动，大力推进发展软环境建设。第二，着力推进矛盾调处。成立群众工作中心，畅通便民利民渠道。推广“三道防线”调处机制，构建“大调解”格局。创新社区管理，建设和谐乡村及和谐社区。第三，着力推进公共法律服务。设立乡镇法律援助工作站16个、村（居）法律援助联络点128个、村级巡回办案点200余个、村（居）警务室和民警民情联络点128个，法律服务水平进一步提升，全面完成“六五”普法工作。第四，着力推进应急能力建设。组建应急处突特勤大队和应急处置专家队伍及专业队伍，完善应急管理体系，应急处突能力显著增强。第五，着力推进硬件和软件建设。全面建成“天网工程”，县城红绿灯电子警察系统投入使用，公检司法硬件设施不断完善，建成戒毒所、特殊人群关爱医院、禁毒教育基地，成立5个农村片区交警中队。第六，着力推进生产安全。严格落实“党政同责、一岗双责、严肃追责”，事故起数和死亡人数保持“双降”。切实抓好气象灾害监测预警和地质灾害防治，全力保障人民群众生命财产安全。

从2012年以来，非法集资违法犯罪活动有所抬头，一些不法分子利用群众对相关法律法规的不了解，打着各种旗号，对群众许以高额回报，从事欺诈活动，严重扰乱了国家金融秩序，损害了群众利益，影响到社会和谐稳定。对此，天柱县市场监管局高度重视，并将其作为2015年的重点工作。一年来，通过健全打击和处置非法集资工作机制，并依托“315”宣传活动开展了打击非法集资宣传，通过设立展示板，发放宣传资料等方式，向过往群众讲解非法集资的特征、表现形式、常用手段、社会危害性、如何识别等。努力形成部门整治，社会监督的工作格局。

为维护经济金融秩序和社会稳定，营造防范打击非法集资的良好社会氛围，天柱县金融办、县公安局等相关单位于2017年5月17日集中县城东门口开展“远离非法集资，建设美好生活”“抵制高息集资诱惑、理性选择投资”的宣传活动，提醒广大居民对“高额回报”的民间借贷、“快速致富”的投资项目等要提高警惕，增强风险防范意识，远离非法集资。

2018年，天柱县为切实抓好当年春节期间的综治维稳工作，展开了以下三个方面的工作：一是信访维稳工作。围绕各项重点信访工作，通过创新思路、完善机制、明确责任、狠抓落实等措施，全力维护社会和谐稳定的大好局面，当年全县信访形势总体平稳。二是社会稳定工作。积极开展“平安天柱”“一整顿五行动”，全县社会治安持续好转。进一步构筑立体化治安防控体系，织密治安防控网，加快推进“天网工程”二期建设，实现重点部位、重点场所视频监控全覆盖，进一步压缩违法犯罪空间。三是应急处置工作。严格执行24小时带班和值班制度，做好应急处置预案，畅通信息渠道，执行重要信息报告制度，加强情报信息收集研判。

2019年，在州委、州政府和县委的正确领导下，天柱县人民政府坚持以习近平新时代中国特色社会主义思想为指导，认真贯彻落实《法治政府建设实施纲要（2015—2020）》和《黔东南州2019年法治政府建设工作要点》的目标任务，着力加强政府工作制度化和规范化，深化行政审批制度改革，依法防范和化解社会矛盾，促进严格规范公正文明执法，增强政府公信力和执行力，全面加快法治政府建设，为全县经济社会发展创造良好的法治环境提供坚实保障。

通过系列维稳维安措施，邪恶遭受了严厉惩治，正气得到张扬，社会安定的政治局面得到不断巩固和加强。

（二）开展全民普法教育，增强法治观念

1985年11月13日，县委成立了天柱县普及法律领导小组。由姚学义任组长，申群炳、杨东生、龙运凯任副组长。根据中共中央国务院关于用5年左右时间在全国公民中进行普及法律常识的指示，制定了天柱县1986—1990年第一个五年普法规划。要求党政机关、工作部门、厂矿、学校、城镇街道、农村，在当地党组织的领导下，建立普法小组，有计划地组织干部、群众学习国家已经公布的法律、法规，对全县公民开展普法教育，努力提高公民的法律知识，增强法制观念。

1986年，全县各级各部门建立普法机构507个，成员2028人，培训普法骨干4792人。1986至1987两年中，发放《干部法律常识读本》1.2万册，《法律法规选编》6000册，其他普法辅导资料1000余册。通过宣传窗、法制报告、图片展览、法律咨询、文艺演出等多种形式，广泛开展法律法规宣传，使公民从中受到教育和启发。全县应普法对象25.7万人，参加普法教育18.5万人，占71%以上。经对184个普法单位进行验收，合格率达98%。

1986—1992年“一五”普法至“五五”普法，每次都制定了五年普法规划和年度工作计划，普法宣传注重经常性和形式多样性：建立法制宣传队伍，开展巡回宣传活动，举办法制培训班，进行学法用法考试，开办法律知识广播、电视讲座，编印普法手册，开展法制宣传月活动，开辟法制宣传专栏，上街游行宣传，散发宣传资料，到社区、村寨、学校、企业上法制课等。全县5次普法，经考核验收都被评为合格县，“四五”普法获司法部授予的“全国先进单位”。

“一五”普法期间，在法制宣传的同时，开展社会治安综合法理工作。1984年9月24日，成立天柱县社会治安综合治理领导小组，县长、县委副书记黄再琳任组长。1991年，天柱县社会治安综合治理领导小组更名为天柱县社会治安综合治理委员会，下设办公室，与中共天柱县委政法委员会合署办公。各乡镇设立综治委及办公室，由乡镇长任综治委主任，乡镇党委分管副书记兼任综治办主任。各乡镇下属单位和企事业单位，各村（居）委会相继建立社会治安综合治理执法小组，负责本辖区综治工作的组织领导。从1991年起，县综治委与各乡镇、乡与村、村与组、组与户层层签订社会治安综合治理目标管理责任书。县、乡综治委每年至少对辖区社会治安综合治理工作开展两次全面检查，进行一次综合考评，实行奖优罚劣。

1986年9月，党的十二届六中全会通过了《中共中央关于社会主义精神文明建设指导方针的决议》。天柱县委10月2日发出《关于认真学习党的十二届六中全会决议的通知》，要求各级党组织认真贯彻执行，带领党员、干部和各族人民认真落实，做一个有理想、有道德、有文化、有纪律的社会主义公民。

1987年1月17—20日，天柱县委召开常委扩大会议，传达中共中央（1987）1号文件和邓小平《旗帜鲜明地反对资产阶级自由化》的讲话。会议一致拥护中共中央的决策，表示坚决拥护四项基本原则，反对资产阶级自由化。随后，县委及时召开会议，传达贯彻到县直机关、区乡（镇）党组织的党员中。由于县委及时贯彻中央精神，加强思想政治工作，维护团结统一，全县社会治安秩序保持了安定团结的良好局面。

1995年4月24日，县委、县人民政府作出《关于进一步落实社会治安综合治理各项措施，确保达标实现的决定》，当年实现了社会治安综治达标。

1996年7月起，由各级综治委牵头，在全县广泛组织开展“遵纪守法户”“遵纪守法模范户”“安全文明单位（校园、厂矿、小区、村寨）”“治安模范单位（村寨、乡镇）”创建活动，创建了一批治安模范乡镇、治安红旗乡镇、治安合格乡镇和安全文明小区、安全文明单位、安全文明村寨、安全文明社区、安全文明校园，评选了3万多遵纪守法模范户。

在“五五”普法规划实施过程中，天柱县司法部门认真贯彻落实全国人大常委会《关于加强法制宣传教育的决议》，深入开展法制宣传教育，努力维护社会和谐稳定，大力推进依法治县，取得较为显著的成绩。2011年5月12日，贵州省依法治省工作领导小组表彰天柱县为贵州省2006—2010年普法依法治省工作先进县。2011年5月15日，中宣部、司法部授予天柱县司法局局长罗向东同志为2006—2010年全国法制宣传教育“先进个人”称号。

2015年以来，天柱县利用“四措施”持续推进法制宣传教育活动。进一步完善法制宣传教育制度。一是完善各级党委（党组）中心组集中学法制度；二是制定乡科级领导干部年度述法制度；三是制定乡科级领导干部任前法律知识考试制度；四是制定公务员（公职人员）年度学法用法考试制度；五是把法制教育纳入中小学教学体系，建立法制知识课程；六是制定国家机关“谁执法谁普法”责任制。

深入开展“法律八进”活动。一是开展“法律进机关”“进班子”活动，不断提高依法管理和服务社会的水平；二是开展“法律进乡村”活动，促进新农村建设；三是开展“法律进社区、进单位、进家庭”活动，促进和谐社区建设；四是开展“法律进学校”活动，进一步推进青少年学生法律素质教育；五是开展“法律进企业”活动，大力促进企业依法经营、诚信经营。

以“三项教育”为依托，推进“三道防线”建设。通过在全县干部和基层群众中深入开展以法制教育为核心的形势教育、政策教育和法制教育“三项教育”活动，进一步提高和增强广大干部群众的法制观念。利用“三项教育”活动平台，在群众中形成依法维权、合法信访、理性反映诉求的思维，把“三道防线”作为化解矛盾纠纷和解决信访问题的主渠道、主战场，积极开展普法用法宣传工作，把“三项教育”融入“三道防线”各个环节中。

大力开展“法治县”和精神文明创建活动。紧紧围绕“法治天柱”建设要求，大力开展“法治县”创建和精神文明创建活动，把法治教育纳入精神文明创建内容，把学法遵法守法用法情况作为精神文明创建的重要指标，在文明城市、文明村镇、文明创建中扩大法治宣传教育的深度和广度。

天柱县禁毒基地坚持禁毒教育工作与毒品形势的发展变化相适应，坚持普及教育与重点教育相结合，不断增强禁毒教育的科学性、广泛性、针对性和时效性，形成全民抵制毒品、参与禁毒的社会氛围，最大限度地减少毒品的危害，不断提高全民禁毒意识和自觉抵制毒品的能力。2016 年，天柱禁毒教育基地培训禁毒专职人员 200 余人次，对国家干部、学校师生、社区居民等社会各界人士开展警示教育达 3 万余人次，发放宣传资料 3 万余份。由于禁毒防毒警钟长鸣，天柱的禁毒防毒不再是公安机关单打独斗，基本上形成了打防合力，不仅政府各部门和政法四家统一思想，统一认识，禁毒防毒基本上进入了良性轨道。据统计，2016 年 1—8 月，侦破涉毒刑案 18 起，刑拘涉毒犯罪嫌疑 23 人，缴获海洛因、冰毒等各类毒品 1.395 公斤，办理吸毒行政案件 204 起，查获非法种植毒品原植物案件 1 起，铲除毒品原植物罂粟 33 株。

2017 年 3 月 25 日，天柱县召开县委政法工作会议。会议传达贯彻落实中央和省委、州委政法工作会议精神，会上，县委常委、县委政法委书记杨德福回顾总结 2016 年我县政法工作，对政法工作存在的问题，进行了深刻分析，并对 2017 年政法工作总体实现"两个提升""八个不发生"，扎实开展"八个攻坚战"提出了明确目标要求。

（三）依法治县，提升执法能力

党的十五大会议第一次把依法治国确立为党领导人民治理国家的基本方略。根据十五大精神和上级指示，1998 年 7 月 17 日，天柱县委作出《关于认真开展依法治县工作的决定》，明确指出，依法治县是治理本县的基本方略，坚持有法可依、有法必依、执法必严、违法必究，维护宪法和法律的尊严。为此，紧抓了法制宣传和社会治安综合治理工作。1998 年 10 月 7 日成立天柱县依法治县工作领导小组，县委书记莫章海任组长，司法部门的负责人为主要成员之一。

2002 年，党的十六大提出要提高依法执政能力，天柱县相应作出了关于依法执政的具体要求，有力推动了全县民主与法治建设步伐。2004 年，党的十六届四中全会作出的《关于加强党的执政能力建设的规定》，天柱县学习贯彻中央文件精神，依法治县的方式和观念随之也有了新的转变。依法治县，是县委领导全县人民治理天柱的基本方略，要坚持做到有法必依，执法必严，违法必究，保证各项工作依法行政、依法办事，保障公民在法律面前人人平等。

1. 加强依法治县制度建设

2003年5月28日，县委办、政府办联合发出《天柱县2003年依法治县工作实施方案》，明确提出要以邓小平理论、“三个代表”重要思想为指导，认真落实“四五”普法规划，在全县深入开展法治宣传，学好国家法律，做到公正司法，依法治县。2004年1月8日，县委、县人民政府发出《天柱县预防和处置群众性突发事件工作规程（试行）》《天柱县维护稳定工作责任制度和相关工作规范（试行）》和《天柱县维护社会稳定工作风险抵押金制度（试行）》，要求各级党委、政府、工作部门、企事业单位和人民团体遵照执行。2005年8月24日，县委、县人民政府又发出《天柱县社会治安综合治理一票否决制实施办法》《天柱县预防和处置群体事件责任及查究暂行办法》《天柱县关于实行社会治安综合治理工作领导责任追究制的规定（试行）》。

2006年，天柱县委成立了“五五”普法和依法治县工作领导小组，制定了全县“五五”普法规划，进一步加强依法治县工作。

2007年，天柱县委、县政府成立“法治县”创建工作领导小组，制定开展“法治县”和“平安建设”的实施意见，在全县开展“法治县”和“平安建设”工作。

2010年8月，以州公安局长温贵钦为组长的州“五五”普法检查验收组一行10人，莅临天柱县检查验收“五五”普法依法治理工作。通过检查，天柱县以目标考核100分和普法测评满意度97.65%的好成绩顺利通过了州检查组的验收。

在“五五”普法规划实施过程中，县司法部门深入开展法制宣传教育，努力维护社会和谐稳定，大力推进依法治县工作进程的实施，取得较显著的工作成绩。

2014年，以开展“三项教育”活动为载体，围绕党委和政府工作大局，紧紧围绕“六五”普法规划目标，以维护社会和谐稳定、服务经济发展为重点，认真组织实施普法，依法治理各项工作，普法依法治理工作取得实效，为全面建成小康社会营造和谐稳定的法治环境。

2015年，在农村继续推广“三项教育·三道防线”矛盾纠纷排查化解工作模式的基础上，借鉴锦屏“华寨经验”，开展农村社会矛盾化解，推动乡规民约、村规民约在基层矛盾纠纷化解、社会治安综合治理中的作用。

2016 年，大力推进城乡基层平安创建工作，在渡马龙盘村开展“依法治村”示范点创建，在邦洞赖洞村、六合村，远口新市村、凤城铜鼓村和高酿桐木村开展新农村平安建设示范点创建活动。

2018 年，天柱县政法部门在乡村分别继续推广网格化民防模式，共同构筑街道、村组范围内住户的维稳和治安防范。渡马镇、地湖乡、注溪乡被州级评为“平安建设示范乡镇”。

2. 加强执法队伍建设

2003 年 5 月 9 日，县委、县人民政府成立天柱县清调不适合做政法工作人员领导小组，杨光杰任组长，刘光藻、杨培璋、吴展朝任副组长，对全县政法系统不适宜做政法工作的人员，进行清理和调动。12 月 25 日，县委办公室转发组织部、政法委《关于进一步加强政法干部队伍建设的实施意见》，提出对政法干部队伍加强建设和监督管理。

2005 年 6 月 13 日，县委成立天柱县规范执法行为、促进执法公正专项活动领导小组，组长杨光杰，副组长刘光藻、张绪能、吴展朝。决定从 6 月至 12 月，在政法机关、工作部门找问题、学习培训、健全制度、检查考评，提高执法机关和执法人员的素质。

2006 年 7 月 19 日，县委办公室转发县政法委《关于在全县政法系统全体干警中开展社会主义法治理念教育的意见》，县委成立了天柱县法制理念教育领导小组，组长杨光杰，副组长刘光藻、张绪能、吴展朝、胡金花。从 8 月到年底，通过思想动员、学习培训、集中整改、考核检查四个步骤，对全体干警进行“权从何来？为谁掌权？为谁执法？如何执法？”等社会主义法治理念教育。通过这些工作，提高政法队伍整体素质水平。

2008 年，天柱县委常委会议原则批准县公安局、县人民检察院、县人民法院的机构改革方案，并根据经济社会形势发展要求，对机构设置、管理职能、人员配备、领导职数作了具体规定，进一步加强政法系统组织建设。

为解决好村级纪检监察工作中职责不清、业务不熟等问题，进一步提高村级纪检员的素质，切实抓好农村党风廉政建设，2011 年 4 月，天柱县各乡镇组织召开村级纪检委员培训会，对 326 个村的纪检委员进行了培训。

牢固树立“稳定压倒一切”的思想，坚持“属地管理”和“谁主管谁负责”

的原则，着力加强矛盾纠纷排查化解，2014 年，全县共建立调解机构 156 个，形成了横向到边、纵向到底、遍布城乡、扎根基层的“三道防线”调解网络体系。

2016 年，县委政法委制定了《关于开展人民群众安全感、政法机关满意度“双提升”工作方案》，成立县“双提升”工作领导小组，全力开展“双提升”工作。

2017 年，以开展“两学一做”学习教育和“铸魂行动”为契机，不断加大执法队伍的专业化、职业化培训力度。

2018 年，天柱县检察院聚焦检察工作实际，制定教、学、练、战一体化教育培训制度，选派 7 名业务骨干到北京、杭州、成都等先进地区学习，全院干警人均脱产学习 4 天以上。

3. 开展专项治理，维护社会稳定

稳定是改革和发展的前提。随着经济体制改革和政治体制改革的深入，同时也出现一些新的矛盾和新的问题。县委把握政治发展形势，正确处理改革、发展、稳定关系，既正确处理人民内部矛盾问题，又对影响社会安定团结的问题开展专项治理。重点抓好以下几个方面工作。

解决“法轮功”邪教组织问题。2003 年 6 月 18 日，县委召开全县维护稳定工作会议，传达全州维护稳定工作会议精神。会议提出，对少数“法轮功”修炼者问题，要加快做好教育转化工作，各乡镇要与县维稳领导小组签订《转化攻坚目标责任制》。根据中央和省、州委部署，为深入解决这一问题，县委、县人民政府成立防范和处理邪教问题领导小组，决定 2004、2005 年春节前后在全县农村开展反邪教警示教育活动，结合农村基层组织“三级联创”、党员先进性教育、科技文化卫生“三下乡”和农村精神文明建设活动，对基层干部、农民、中小学生进行反邪教警示教育，提高识别、防范、抵制和处理能力，形成崇尚科学、关心家庭、珍惜生命的浓厚氛围，为建设小康社会创建团结和谐稳定的环境。

加强国家安全工作。2004 年 4 月 13—14 日，县委成立国家安全工作领导小组。2005 年 5 月 10 日，县委办、政府办联合转发县综治办《关于进一步加强城区长效防控体系建设的意见》。6 月 21 日，发出县国家安全工作领导小组关于国家安全主要职责、工作规划、工作方法三个规章制度。2006 年 5 月 1 日，县委成立“打黑除恶”专项工作领导小组，对社会上的黑恶势力开展打击。

加强青少年思想道德教育。2005 年 9 月 9 日，县委召开全县政法、综治、维稳、禁毒工作会议。会上，针对青少年违法犯罪率上升的问题，提出要加强青少年思想道德教育。9 月 28 日，县委、县人民政府联合发出《关于进一步加强和改进未成年人思想道德建设的实施意见》，要求各级党政、各部门、各教育单位和每个家庭，从战略高度抓好未成年人的思想道德教育。12 月 2 日，县委、县政府成立了加强和改进未成年人思想道德建设协调委员会，主任姚学银，副主任陈桃生、杨汉钦、吴展朝。

加强生产安全和学校安全工作。2005 年 8 月 1 日，县委成立学校安全工作领导小组，由张美圣任组长，姚学银、吴贵英、龚循政任副组长，组织教育及有关部门对学校安全工作进行了检查。9 月 23 日，成立煤矿安全生产领导小组，由文松波为组长，龚循政为副组长，并发出了《关于认真抓好煤矿安全生产工作的紧急通知》。

2007 年 6 月，县委办、政府办转发县委政法委制定的《天柱县维护稳定工作目标考核暂行办法》，明确了各级各部门的职责和任务。12 月，又发出《天柱县开展打击制售假证及取缔非法广告专项活动方案》，成立了专项活动领导小组。对基层矛盾纠纷集中力量排查处理，防止矛盾激化；对治安混乱地区深入排查，限期改变面貌。

2008 年 7 月，县委成立了“打黑除恶”专项斗争领导小组，发出《天柱县继续深化“打黑除恶”专项斗争实施方案》，确定“有黑打黑，无黑除恶，无恶治邪，无邪治乱”的任务，推进“平安天柱”建设。

2010 年，天柱县实施“斩草除根”禁毒工作模式，全年共办理贩毒案件 35 起，缴获毒品 118 克，收戒 169 人，毒情得到有效的遏制。

2011 年，天柱县开展打击地下“六合彩”专项行动，全县共查处地下“六合彩”赌博案件 134 起，捣毁贩卖窝点 12 个。

2014 年，天柱县政法系统坚持大案、小案齐抓，打击、防控并重，积极组织开展以“五大攻坚战”为重点的打击整治工作。在城区组建了 150 人的专职巡防队伍，在各乡镇、各村寨组建了治安防范（农村消防）队伍，“天网工程”全面投入使用。

2015 年，天柱县政法委以提升群众安全感、满意度“双提升”为主要目标，把打击的锋芒对准“两抢一盗”等侵财性犯罪上，对涉毒、涉赌、涉黄等治安突出问题进行重点整治。

2017 年，天柱县深入展开社会治安重点整治工作，取得了明显成效。一是禁毒严打成效明显，二是强力治赌力度空前，三是涉黄整治效果显著，四是打击经济犯罪成效显著，五是查处治安案件卓有成效。

2018 年，天柱县展开多项专项治理行动，有效维护了社会稳定。一是认真开展宗教场所秩序维护专项行动；二是“净网 2018”专项行动，严厉打击网络诈骗、色情、赌博及侵犯公民个人信息等违法犯罪案件；三是“剿毒涉黄”专项行动，共侦破涉毒刑事案件 24 起。

第三节　加强政治体制改革与政治建设

党的十九大报告指出：“要长期坚持、不断发展我国社会主义民主政治，积极稳妥推进政治体制改革，推进社会主义民主政治制度化、规范化、法治化、程序化，保证人民依法通过各种途径和形式管理国家事务，管理经济文化事业，管理社会事务，巩固和发展生动活泼、安定团结的政治局面。”天柱县委、县政府长期以来，在中央、省、州的领导和指导下，结合自身实际，切实加强政治体制改革与政治建设。

一、机构改革，精兵简政

党的十四大报告指出：“机构改革，精兵简政，是政治体制改革的紧迫任务，也是深化经济改革、建立市场经济体制和加快现代化建设的重要条件。”为了实现对国家公务员的科学管理，保障国家公务员的优化、廉洁，提高行政效能。1993 年 8 月 14 日，《国家公务员暂行条例》经李鹏总理签署正式颁布，自 1993 年 10 月 1 日起施行。

《国家公务员暂行条例》颁布后，1996 年 6 月 5 日，天柱县委办、政府办联合转发县委组织部、县人事局《关于国家公务员培训方案的请示》。按照全省统一部署，6—7 月对全县国家机关公务员、党的机关工作者，分两批进行学习培训。11 月 11 日，县委成立天柱县机构改革领导小组，莫章海任组长，杨宏远、杨光福任副组长。

1997 年 6 月 21 日，县委、县人民政府出台《天柱县县级党政群机构改革实施方案》和《天柱县乡（镇）党政机构、人员编制调整方案》，决定对县、乡党政机关机构进行改革。

（一）党的地方组织机构

县委下设 8 个机构：县委办、组织部、宣传部、统战部、政法委（含综治办）、干部离退休工作局（归口组织部）、编委办、县直机关党委。

设立党的纪律检察机关：县纪委（与县监察局合署办公）。

（二）县级国家机关行政组织机构

县人民政府下设 28 个机构：政府办、计划局（挂统计局）、农办（挂扶贫局）、经贸局、科技局、民族宗教局、人事劳动和社会保障局、建设局（挂人防办）、国土局（挂环保局）、农业局、乡镇企业局（含煤炭工业局）、文化广播电视局、卫生局、计划生育局、工商局、教育局、地矿局、监察局、民政局、公安局、司法局、财政局、地税局、水电局、林业局、审计局、交通局、调处办。

设立县人民政府 8 个事业性质机构：档案事业局、农机事业局、体育事业局、旅游事业局、轻工总会（挂手工业联社）、粮食局、外协办、商业局。

撤销 1 个机构：物资局。

（三）根据宪法规定设立

县人大常委会，县政协常委会，县人民法院，县人民检察院。

（四）群众团体

设立 8 个群众团体：县总工会、团县委、县妇联、县科协、县工商联（含民间商会）、县残联、县老龄委、县文联。

乡（镇）党政机构设置和人员编制，只进行适当调整，不作大的变动。乡（镇）党政群机构设立党政办，综治办、人民武装部、纪委（与监察合署）；农业农村办、财贸经济办、计划生育办、街道管理办（凤城镇设）、乡（镇）办事处；人大主席团；团委、妇联。

1996年6月24日，县委、县政府召开全县机构改革动员大会，8月21日，发出《天柱县实施和参照试行国家公务员制度的实施方案》。在定机构、定编制、定人员的基础上，把国家行政机关、党的机关现有工作人员，向国家公务员、党的机关工作者过渡，到11月上旬完成。

二、党政干部分流

党的十五大报告指出："我国经济体制改革的深入和社会主义现代化建设跨越世纪的发展，要求我们在坚持四项基本原则的前提下，继续推进政治体制改革，进一步扩大社会主义民主，健全社会主义法制，依法治国，建设社会主义法治国家""当前和今后一段时间，政治体制改革的主要任务是：发展民主，加强法制，实行政企分开、精简机构，完善民主监督制度，维护安定团结"。

1997年11月12日，县委主持召开四大班子联席会议。根据中办发（1993）8号、省办发（1995）41号和州党办发（1996）30号文件精神，专题讨论机构改革、人员分流问题。同日，县委办、县政府办联合发出《关于转发县委组织部、县人事劳动局、县财政局、县编委办公室〈关于机构改革中人员分流若干问题的意见〉的通知》，提出：一是严格执行《国家公务员暂行条例》规定的干部退休制度退休；二是允许机关人员离岗退养；三是允许机关人员提前退休；四是允许机关人员辞职；五是停薪留职的机关人员，原则上应收回。若本人不愿意回机关工作的，作暂缓过渡人员处理。

三、深化改革，实施国家公务员制度

党的十六大报告进一步指出："发展社会主义民主政治，建设社会主义政治文明，是全面建设小康社会的重要目标。必须在坚持四项基本原则的前提下，继续积极稳妥地推进政治体制改革，扩大社会主义民主，健全社会主义法制，建设社会主义法治国家，巩固和发展民主团结、生动活泼、安定和谐的政治局面。"天柱县委和各级党组织在实践中加以落实这些精神。

经过2002年4月党政群机构改革后，按照中央关于政企分开、精简、统一、效能和依法行政的原则，进一步对行政管理体制深化改革，实施国家公务员制度。2004年8月，县委常委会议根据《中共贵州省委办公厅、贵州省人民政府办公厅关于贵州省市县政府机构改革的实施方案》，对县人民政府工作机构进行了深入的研究，制定出《天柱县政府机构改革方案》，报请州编委批准。

2005 年 8 月，县委、县人民政府发出关于《天柱县政府机构改革实施方案》的通知。在 2002 年改革的基础上，把政府工作机构划分为行政工作机构、议事协调常设办事机构和政府直属事业单位，明确了各工作机构的性质、职责、任务。对一些部门进行更名、合并、分开、升格、增设。国有资产管理职责仍由县财政局承担，县政府不单独设立国有资产监督管理机构。

四、理顺政府部门关系，优化职能结构

2005—2008 年，县委常委会多次召开会议，从实际出发贯彻落实《中共中央关于深化行政管理体制改革的意见》，着力理顺政府部门关系，优化职能结构。推进政企分开、政事分开、政资分开、政府与市场中介组织分开，建设服务政府、责任政府、法治政府和廉洁政府，努力提高工作效率。

在 2005 年机构改革的基础上，经州编制办批准，全县机构又有新的变更。2008 年，增设黔东经济循环区天柱工业园区管理委员会、县人民防空办公室、县人民政府应急办公室、县畜牧兽医局、县民族宗教事务局 5 个正科级行政单位，撤销县林业派出所、县林场派出所、县黄金管理局 3 个单位。

实行政事分开后，加强了对乡镇基层服务工作的指导。在各乡镇分别设立农业服务中心、畜牧兽医水产站，乡镇林业工作站增设林业技术推广职能部门，配齐技术人员。根据全州水利体制改革的要求，从 2009 年 3 月起，乡镇水利管理站的人员、编制、业务、经费、资产由县水利局统一管理，工资统一发放。

至 2009 年底，全县有行政机构 71 个，事业机构 377 个，总编制 1464 人。其中，属国家编制 1245 人，属地方事业编制 219 人。

五、全面深化改革，筑牢基层战斗堡垒

2012 年，天柱县加强领导班子和干部队伍建设，共提拔领导干部 114 人，其中股级干部提拔为副科级领导干部 70 人，副科级领导干部提拔为正科级领导干部 44 人。交流干部 169 人，其中部门之间交流 67 人，部门与乡镇之间交流 32 人，乡镇之间交流 9 人，内部轮岗 61 人。

2014年，为确保深化改革有序推进，天柱县成立县委全面深化改革工作领导小组，设立8个专项小组和38个专题组，制定12项工作制度，为全面深化改革工作提供了制度保障。

2015年，天柱县及时召开县委全面深化改革领导小组会议，安排部署各项改革工作，全县37项重点改革有序推进。围绕提高政府效能，规范税收等优惠政策，取消、停征、减免行政事业性收费57项。大力推进“两集中两到位两统一”行政审批、“先证后照”商事登记制度改革。建立行政权力清单、责任清单制度，制定《天柱县权力清单目录》。

2012—2016年五年间，天柱县稳步推进农村综合改革、教育综合改革、医疗卫生体制改革、生态文明体制改革、户籍制度改革等重点领域和关键环节改革72项，改革红利加速释放。完成新一轮政府机构改革、机关事业单位工资改革和公务员公车制度改革。

六、坚持深化改革，增强县域发展活力

2017年，天柱县大力推进“放管服”改革，新增各类市场主体4268户，民营经济比重达到59%；积极推进“三变”改革，深入推进“十户一体”和“三户＋三小”工程，农村土地确权完成数据库录入上交，累计完成颁证1.55万本、颁证面积5.26万亩；供销改革被列入全省试点县，组建天柱供销集团公司，发展社员股金3722万元；不断做大做强国有平台公司，组建县扶投公司、农投公司和天林公司，融资到位资金10.20亿元。

2018年，天柱县始终把全面深化改革和实施创新驱动发展战略作为根本动力，紧紧围绕中央和省、县委重大部署，加快重点领域和关键环节改革创新步伐，为经济社会发展增添了动力、释放了活力。教育、医疗、文化等社会事业方面的改革有序推进，民主法治、司法、党的建设、纪检监察等领域的改革均取得了新的进展。

第三章　繁荣发展经济　改善民生福祉

中国特色社会主义基本经济制度起步于中华人民共和国成立初期对社会主义公有制经济制度的探索与建设。党的十一届三中全会的召开，吹响了改革开放的号角，伴随经济体制改革的步伐，到党的十五大，中国特色社会主义基本经济制度初步形成。党的十五大提出“公有制为主体、多种所有制经济共同发展是我国社会主义初级阶段的一项基本经济制度”，在此基础上，党的十九届四中全会把“按劳分配为主体、多种分配方式并存”和“社会主义市场经济体制”与“公有制为主体、多种所有制经济共同发展”统称为社会主义基本经济制度，表明中国特色社会主义基本经济制度日益成熟、定型。中国特色社会主义基本经济制度是中国共产党在新中国成立以来的伟大进程中对社会主义经济制度进行理论认识与实践探索的必然结果，也是中国共产党科学把握社会主义经济关系变化的逻辑使然。

第一节　对社会主义公有制经济制度的探索与建设

新中国成立初期，通过没收官僚资本建立国营经济，党和国家掌握了国民经济命脉，奠定了社会主义经济制度的基石。1952 年底，毛泽东指出：“党在过渡时期的总路线的实质，就是使生产资料的社会主义所有制成为我国国家和社会的唯一的经济基础。我们所以必须这么做，是因为只有完成了由生产资料的私人所有制到社会主义所有制的过渡，才利于社会生产力的迅速向前发展。”[①] 过渡时期

① 毛泽东：《毛泽东文集（第六卷）》，316 页，北京，人民出版社，1999。

的总路线实现了从新民主主义经济制度向社会主义经济制度的转变，总路线的实质就是以改造的形式初步建立社会主义公有制经济制度。通过社会主义改造，我国的所有制结构、分配结构发生了历史性变化，建立了社会主义公有制经济制度。之后的社会主义现代化建设则更加巩固了社会主义公有制经济制度的基础。毋庸置疑，改革前的社会主义公有制经济制度为中国特色社会主义基本经济制度的形成奠定了坚实基础。

一、对农业的社会主义改造

1952 年，国民经济恢复阶段即将结束的时候，中共中央按照毛泽东主席的建议，从中国的实际出发，提出了党在过渡时期的总路线，即从中华人民共和国成立，到社会主义改造基本完成，这是一个过渡时期；党在过渡时期的总路线和总任务，是要在一个相当长的时间内，逐步实现国家的社会主义工业化，并逐步实现国家对农业、手工业和资本主义工商业的社会主义改造。1953 年 9 月 25 日，《人民日报》向全国人民公布了过渡时期总路线。接着，全国普遍深入地开展了总路线的宣传教育运动，总路线得到了全党全国各族人民的热烈拥护。

1953 年 11 月 18 日至 12 月 4 日，中共天柱县委召开有群众代表参加的全县干部大会，传达贯彻党的过渡时期总路线。到会 1319 人，其中群众代表 411 人。会上，着重讨论了农业社会主义改造和统购统销政策，通过了天柱县实行统购统销政策的决议。

对农业的社会主义改造，遵循“自愿互利”的原则和“重点试办，稳步发展”的方针，在引导农民创办互助组的基础上，建立起初级农业生产合作社和发展高级农业生产合作社。

（一）农业生产互助组

1951 年 9 月，党中央通过了《关于农业生产互助合作决议（草案）》，强调通过典型示范、逐步推广，引导个体农民组织起来，达到增加生产和增加收入的目的。1952 年春，天柱县委召开区、乡干部大会进行传达，并决定在已完成土改的区、乡，发动农民组织互助组。农业生产互助组，是农业合作化的初级形式，它的生产资料和生产成果，都归农民个体所有，农民在互利的原则下进行协作，互相调剂劳动力、耕畜、农具等，克服个体经营中的一些困难。

土地改革分得了土地的农民，生产积极性空前高涨。但由于原来的经济基础薄弱，大多数的贫雇农缺少耕牛、农具等生产工具，发展生产存在困难。县委引导农民成立互助组，群众十分拥护。

1952 年 4 月 2 日，县委在中山镇胜利村办了全县第一个示范互助组，至 1953 年 10 月，全县互助组发展到 1006 个，其中临时性互助组 529 个，季节性互助组 377 个，常年固定性互助组 110 个。12 月，县委召开大会，表彰和奖励一批先进互助组长和模范人物。他们的模范事迹和带头作用，在全县影响很大，至 1954 年，全县互助组发展到 4464 个，组织起来的农户有 27389 户，占农户总户数的 70% 以上。是年秋，县委在继续发展、巩固、提高互助组的基础上，有计划、有步骤地试办初级农业生产合作社。

（二）初级农业生产合作社

初级农业生产合作社实行土地入股，统一经营（土地和其他生产资料的所有权为社员私有，由合作社统一支配和使用），按股分红和按劳分配相结合的分配方式，分成比例有“地劳对五”或“劳四地六”。社设管理委员会，民主推选主任、副主任和委员若干人组成。民主制订生产计划、经营管理、分配方案等。合作社按照社员田土面积多少、土质的肥瘦和好坏制定劳动定额，实行评工记分、按件记工或推行小包工。初级农业生产合作社是一种半社会主义性质的合作经济体制。

1954 年，在发展和巩固互助组的同时，中共天柱县委根据中央《关于开展农业生产合作社的决议》和中共贵州省第一次农村工作会议精神，开始试办初级农业生产合作社。县、区党委书记挂帅，派专职干部具体抓，选择在互助组基础好、骨干强、党团员和积极分子较多的地区办点。3 月 26 日，县委书记李洁生带领县委工作组在城关区胜莲乡以杨世棋互助组为基础，办起了全县第一个初级农业生产合作社，计 19 户 96 人，主任石老六，取名爱国初级农业生产合作社（简称爱国社）。接着杨永槐、杨思仕互助组合并，建立胜利初级农业合作社（简称胜利社），共 26 户 96 人，杨永槐任主任。与此同时，各区试点相继成立。1954 年冬，全县办成 17 个初级社，入社农户 243 户。1955 年春，全县初级农业生产合作社发展到 25 个，入社农户 545 户。

为了办好初级农业生产合作社，县委多次发出文件，召开多次会议，讨论农业社的土地分红、林业特产入社、手工业入社、农业社的政治工作和粮食征购方案等问题。

1955年1月12—18日，县委召开第二次全县党员代表会议，会议传达贯彻中央《关于1955年继续开展以互助合作为中心的爱国增产节约运动的指示》和全国第四次党代会精神，陈林村作《关于1954年互助合作总结和1955年发展计划报告》。李洁生作会议总结，提出1955年要新办农业生产合作社270个，分三批完成，粮食生产增产5%。

1955年3月23—4月1日，县委召开第三次全县党员代表会议。会上传达了中央关于粮食“三定”（定产定购定销）的指示和省委第七次组织工作会议精神。县委书记李洁生作全县农业生产互助合作的总结报告。会上将地委下达的粮食“三定”任务落实到各乡。

1955年6月4日，县委发出《贯彻执行〈省委关于加强巩固现有农业生产合作社的紧急指示〉的指示》，指出：农业生产合作社必须根据各社实际，制订好农业生产计划；以生产为中心环节，研究切实可行的增产措施；建立、改进社内以包工制为基础的劳动组织；处理好社内各项工作，特别要加强财务管理，纠正财务开支混乱、工分账目公布不及时以及副业收入开支不当等问题；克服盲目性，提高管理水平。此文件在各级干部和各农业社中贯彻执行，取得很好收效。7月3日，县委举办建社骨干和积极分子训练班，学习办社方针、政策和业务管理。至8月10日，共举办三期农业合作社骨干培训班，共培训办社骨干1150人，其中培训会计313人。8月12—20日，县委召开三级干部会议，总结第一批建社工作。会议通过总结，取得了经验，纠正了偏向，安排了第二批建社工作。当年秋后，初级农业生产合作社发展到527个，入社农户25131户，占全县农户总数的88.8%，基本实现了初级农业合作化。

初级农业生产合作社在生产管理、生产建设、抗御自然灾害等方面显示了组织起来的优越性；在农业生产中，推行先进生产技术，采取各种有效措施，一般都增产增收。从而使农业合作化不断得以巩固和发展。

（三）高级农业生产合作社

高级农业生产合作社（简称高级社），规模比初级社大，土地、耕畜、大农具等生产资料归集体所有，取消土地分红，土地、山林由高级社统一经营，统一管理，统一核算，统一分配，实行“各尽所能，按劳计酬，多劳多得”的分配原则。高级农业生产合作社属社会主义性质。

1955 年，县委在城关区胜莲乡组织 7 个初级社联合办成全县第一个高级社——新兴高级农业生产合作社。接着，在雷寨乡建立雷寨高级农业生产合作社。之后，各区陆续试办重点社。1955 年冬至 1956 年春，全县已有 22 个高级社。

1956 年 1 月 30 日，县委对试办高级社的有关具体政策问题作出明确规定：社员入社做到自愿报名，选拔社干要执行党的农村阶级路线，切实依靠贫农、下中农，巩固地团结中农。高级社的组织形式是建立社管会，下设秘书、文教卫生、治保、计划、农技、农牧副等股室。吸收地富入社要根据其表现区别对待，表现好、生产好，可入社为社员，允许改成分为农民；表现不好的也可入社，在社内进行管制，在劳动上实行同工同酬。地富改变成分要经群众评议，报县人民委员会批准。对反革命分子入社，要根据其历史和现行表现，妥善解决入社问题。2 月 4 日，副县长刘学义在全县第四次民政工作会议上宣布，地主成分的军烈属及退伍军人，应与一般地富分子区别对待，他们的子女或本人为革命流过血、立过功，应帮助他们解决困难，吸收他们入社。要求到年底，90% 以上的地主加入高级社。

天柱县组建高级农业生产合作社时，对少数民族地区的特殊情况，县委、县人委会作出如下规定：自留地，按当地平均每人耕地面积的 3%—5% 划给，一户只有 1—2 人的，可多划给 1 人的自留地；社员房屋基地、坟山一律不入社；少数民族的斗牛场、跑马场、社堂、歌场等土地和群众文娱活动场所一律不入社，已开垦的要恢复原有功能；渡船田不入社，但合作社可以租种；少数民族的棉花地、土烟地、蓝靛地、麻园地，可根据实际需要，按户留给社员经营，其余部分入社；少数民族有养鱼习惯，合作社应划出部分稻田供社员养鱼，每户划多少，民主协商确定。社员私有的马和羊群，可以入社，也可以归社员私有自己经营；社员私有的猪、家禽不入社；少数民族生活需要的糯稻米芯草，应予分给；坟山林、风景林和古树不入社，必须保护，不准砍伐。对于社员房前屋后，田边地角的零星果木及留给老人做寿木用的杉木，不入社。主要民族传统节日应予放假。

1956 年底，全县高级社发展到 457 个，入社农户 39176 户，占农户总数的

98.3%，实现了个体农业向集体农业的转变，使个体所有制经济变成集体所有制经济，完成了对农业的社会主义改造。

二、对手工业和私营工商业的社会主义改造

通过合作化道路把个体手工业逐步改造成为社会主义的集体所有制，是党在过渡时期总路线的重要组成部分。1955 年 11 月，中共中央政治局通过了《中央关于资本主义工商业改造问题的决议（草案）》，确定把对私营工商业的社会主义改造从个别企业的公私合营推进到全行业公私合营的阶段。这是从资本主义所有制过渡到完全的社会主义公有制的具有决定意义的步骤。

1956 年，中共天柱县委在抓农业社会主义改造的同时，抓紧对手工业和私营工商业的社会主义改造。

（一）对手工业的社会主义改造

改造前，天柱县内的手工业生产规模甚小，都是个体经营。

中华人民共和国成立后，中共天柱县委关心手工业的恢复和发展，手工业者的地位有了根本的改变。1952 年土地改革时期，手工业专业户不分配土地，列为城镇居民户口。县委指示各级供销部门在原材料、生产、销售诸方面对手工业者给予照顾，扶持其发展。1953 年，全县手工业户发展到 738 户，拥有各种资金 3.4 万元，从业人员 1000 左右。1953 年 10 月，县委批准成立天柱县手工业生产合作社联合筹备会，手工业管理自成体系。

在对手工业的社会主义改造过程中，中共天柱县委严格遵照党中央和省委、地委的指示，采取“积极引导、稳步前进”的方针，有计划、有步骤地将个体手工业者组织起来，分期分批地建立手工业生产合作小组、手工业生产合作社。

到 1955 年，全县已建成 47 个手工业生产合作社（组），人员 722 人。组织起来的生产合作社（组），实行社（组）长负责制，社（组）长民主选举产生，负责指挥生产。原材料由供销部门或商业部门按计划供应，产品以委托加工、计划订货和统购包销方式进入市场。社（组）积极生产创收，精心理财，自负盈亏。在分配时，实行“多劳多得，按劳取酬”的原则和“基本工资加奖金”的工资制度，奖励技术，奖励勤劳，调动社（组）员为社会主义服务的积极性。同时留有一定公积金，以便扩大再生产。

1956年1月19日，中共天柱县委成立对资（资本主义）改造办公室，掀起对手工业进行社会主义改造的高潮。至年底，全县共建立手工业高级生产合作社31个，手工业生产合作社16个，合作小组12个，职工总数1242人。其中铁业7社214人，木业9社1组182人，缝纫16社4组468人，皮革3社70人，砖瓦3社1组67人，棕丝2社1组43人，建筑3社104人，染布1社1组15人，五金1社31人，竹器2社1组34人，渔业1社1组14人，造纸1社15人，织布1组9人。全县95%的手工业者参加了合作社、合作小组，基本完成了手工业的社会主义改造。1956年，全县手工业共计完成产值166.1万元，占全县工业总产值的52.9%，为天柱县的社会主义建设作出了贡献。

（二）对私营工商业的社会主义改造

天柱商业贸易有悠久的历史。据康熙朝《天柱县志》记载："明万历二十五年（1597），朱（梓）公设新市镇（清水江畔今瓮洞镇），建官店数十间，募土著聚。客商往来，鱼盐木货泊舟于此。"民国二十九年（1940），全县有私营商业208家，其中资本较大的68家。民国三十八年（1949），私营商业有886家，其中有布匹、日杂百货、客栈、饮食、成衣、药材、食盐、瓷器、香烟、丝烟、糖、酒、米等行业，一部分为坐商，在集镇开店铺经营，大量属小商小贩，设点摆摊，肩挑叫卖。

天柱解放后，1950年3月设立县工商科。根据党的保护商业合法经营的政策，于年内对全县所有私营商业进行清理登记，帮助部分难以经营的解决困难，恢复营业。清理登记后，发给营业执照，照章纳税。由于党和政府的扶持和帮助，天柱县的私营商业很快得到发展。1951年，私营个体商业914户，从业人员1292人，其中一部分为农业兼商业。1952年土地改革时，农商兼营的一部分个体商业户，转为农业人口参加土地改革。1952年底个体商业户降为731户，其中布业48户，百货业133户，盐业29户，食油业9户，饮食业410户，屠宰业40户，其他行业62户。私营商业的销售额占社会商品零售总额的89.6%。

1952年12月27—29日，县委召开全县工商业代表会议，到会代表47人。会议肯定了解放3年来工商界在恢复发展天柱经济、抗美援朝捐献等方面作出的重大贡献，明确了工商业在革命和建设中的地位和作用。全县工商业代表会议以后，私营工商业有了新的发展。1953年1月底，全县个体工商业发展到1401

户，有工商资本115745万元，比上年增加654万元。

1956年1月，镇远地委召开了对资改造工作会议，传达贯彻1955年11月中共中央通过的《关于资本主义工商业改造问题的决议（草案）》和毛泽东的十七条指示，研究制定加速手工业和资本主义工商业社会主义改造的方案和措施。1月18日，县委召开紧急会议，传达贯彻地委对资改造会议精神。1月24日至26日，城关、邦洞、蓝田、远口、高酿、白市各区先后召开私营工商业、运输业代表会议，传达贯彻中央、省、地、县对资改造会议精神。几天之内，城关区私商户申请加入公私合营户数占总户数的76.8%，申请加入合作商店户数占总户数的23.2%。2月初，全县私营工商业者按行业分别加入了公私合营合作社和合作商店。据统计，全县各业私营工商总户897户，从业人员996人，参加各种改造形式的810户，从业人员880人，占从业人员总数的88.35%。

通过各种努力，使私营工商业的社会主义改造胜利完成。通过社会主义改造，天柱的国民经济出现了繁荣景象，社会实现了安定团结，人民生活得到了改善，与全国一道进入了社会主义的初级阶段。

（三）对工商业和手工业的整顿调整

1. 整顿工业企业

1958年农村实现人民公社化，天柱县城镇大部分手工业生产合作社（组）转为国营。

1961年9月，庐山中央工作会议讨论通过了《关于当前工业问题的指示》，要求把工业生产和基本建设的指标降到确实可靠、留有余地的水平上。同时中央发布试行《国营工业企业工作条例（草案）》（即“工业七十条”），要求整顿企业秩序，使国营企业一系列规章制度恢复和建立起来。天柱县在1960年压缩工业企业的基础上再对工业企业进行调整整顿。县国营企业保留邦洞煤厂、铁山坪陶瓷厂、印刷厂、农修厂、榨油厂、糖酒厂、酱菜厂。在调整工业企业时，“大炼钢铁”运动中出来的劳力，绝大部分转回农村；国营工业企业的职工，由1469人压缩到354人，有670人随企业体制转入轻工系统，有445人返回农业生产第一线。

1964年天柱县火电厂建成后，部分厂矿开始用电作业，对原有企业进行技术改造，农修厂从单线修理到有制造能力，印刷厂基本上做到机械化生产，生产能力有所提高。从1963年到1965年，企业数量保持1962年水平。但工业总产值逐年上升。到1965年工业总产值471.45万元，比1962年的228.41万元增长1倍。

2. 商业调整

集体商业方面，1958年将集体商业转变为全民经济，取消股金分红，实行利润上交，同时将各区基层供销合作社改为人民公社商店。

私营商业方面，1958年将所有的公私合营、商店小组、经销、代销的全部人员转为国营商业和供销合作社商业统一安排、统一核算，此后，私营个体商业全部消失。

1961年9月，为贯彻执行中共中央“商业四十条”的规定，县委决定将1958年纳入国营商业的公私合营、合作商店、合作小组退出国营企业，恢复原来的三种组织形式。1962年1月，县商业局、县供销合作社分设，各自管理合并以前原辖公司及业务。恢复县供销合作社后，集体商业得到恢复，县供销合作社组织广大社员入股，实行民主管理。

1961年下半年，在贯彻执行中央调整国民经济“八字”方针中，天柱县实行国家规定18种商品按照“统筹兼顾，保证重点，照顾必需，统一安排”的原则，实行凭票、凭证限量供应。凭票、凭证供应商品到1964年后逐步取消。

3. 手工业的恢复和整顿

1958年，农村实现人民公社化，城镇大部分手工业生产合作社（组）转为国营，其余转入公社办工业。

1961年8月，天柱县建制恢复后，恢复了手工业管理局和手工业联社，召开了全县手工业代表会议，县委决定将1958年纳入国营商业的公私合营、合作商店、合作小组退出国营企业，恢复原来的三种组织形式。遵照县委指示，县手工业管理局和手工业联合社对全县原转厂过渡和下放公社的手工业企业进行清理登记，重新恢复39个基层手工业生产合作社（组），同时动员手工业职工归队，组织生产和参加文化学习。年底，向国家纳税的小商贩和小手工业已有189户。

1964年，天柱县火电厂建成发电后，城关一带工厂开始使用机器生产。由于国家大力支持，机械设备增加，手工业作坊迅速转变为轻工企业。1964年全县手工业系统固定资产原值7.7万元，比1962年增加83.3%。当年有职工703

人，产值99.18万元，创利税2.8万元，盈利1.36万元。

1965年，全县手工业系统发展到5个合作工厂，21个合作社和4个合作小组，职工823人。手工业经过恢复整顿后得到了发展，提高了劳动生产率。

第二节　在国民经济调整中起步改革

“文化大革命”结束后，中共天柱县委紧跟党中央的战略部署，组织全县广大干部群众开展揭批“四人帮”的群众运动，全县开始出现了安定团结的政治局面，工农业生产及各项事业开始恢复和发展。

一、农业生产的发展

1977年4月16—22日，县委召开工作会议，传达中共中央工作会议和省委工作会议精神，传达了国家计委关于1977年国民经济计划汇报提纲和省计划工作会议精神。会上，县委对本县1977—1978年国民经济计划提出了意见，着重对恢复和发展本县农业生产提出了意见：一是全县党员干部、各级各部门，都要关心农业，提高发展农业生产意识，提高农业基础地位的认识，群策群力，打好粮食翻身仗。二是大搞以治水、改土、积肥为中心的农田基本建设。三是坚决贯彻“以粮为纲，全面发展”的方针，使多种经营有一个更大的发展。四是要全面贯彻执行农业“八字宪法”、大搞科学种田；积极进行良种繁育，推广提纯复壮工作；改革耕作制度，改进栽培技术，提高复种指数；建立健全县、社（镇）、大队、生产队四级农业科学实验网，广泛开展群众性的科学实验活动。五是加快发展农业机械化的步伐，尽快实现打谷、脱粒、粉碎等生产的机械化。六是各条战线各个部门在把自己的工作做好的同时，要大力支援农业。

1977年9月27日，县委以县党发（1977）14号文件发出《关于建立县农田基本建设专业队的通知》，为从根本上改变全县农业生产条件，县委决定，按11.4%的比例，从全县总劳动力中抽调10700人，建立农田基本建设专业队，由县直接管理5500人。其中，500人修莲花山水电站和通往莲花山的公路，3500

人修建鱼塘水库，1500 人搞山、田、水林、路综合治理。各区管理 5200 人，作当地建设的专业队。

1978 年 4 月 6 日，县农业机械化领导小组成立。领导小组下设办公室，办公室设在县农机局。

经过全县广大干部群众的共同努力，1978 年全县农业机械有了长足发展。其中排液机械发展到 783 个站，1.15 万马力，机电提灌面积达 3.5 万亩，加上自流灌溉和各种小型水利灌溉，全县灌溉面积达 13 万亩；电力装机容量 8000 千瓦，平均每个大队有电 20 千瓦。全县拥有拖拉机和手扶拖拉机共 150 台，机械耕作面积 11.5 万亩。其他机械如运输机械、植保机械、林业机械都相应增加。1978 年全县工农业总产值完成 5497.3 万元，比上年增长 5.9%；粮食总产量 89695.95 吨，比上年增长 4.3%；地方财政收入 252.7 万元，比上年增长 8.2%。农业生产开始向前迈进。

1978 年 12 月，中国共产党第十一届三中全会胜利召开，确定以经济建设为中心，实行改革开放，中国开始进入社会主义现代化建设新时期。1979—1980 年，中共中央和中共贵州省委关于放宽农业政策进行农村经济体制改革的指示下达后，取消对农民家庭副业和农村集市贸易的限制，调减农民粮食征购负担，调高农副产品收购价格，并试行国家与社队实行承担经济责任的产、购、销责任制。

二、家庭联产承包责任制

1979 年 2 月，天柱县“四干”会议后，全县农村根据《中共中央关于加快农业发展若干问题的决定（草案）》和县委关于加快农业发展速度的意见，生产队开始实行定产到组的农业生产责任制。到 4 月底，全县农村 310 个生产大队 2305 个生产队，实行定产到组的生产队有 1047 个，已占总数的 45.4%。为了帮助生产队实行定产到组后加快发展，县委于 4 月 20 日发出《关于农、林、牧生产奖励条件及标准（讨论稿）》，下发基层党委征求意见修改后执行。三合公社管委会为帮助生产队实行定产到组后的经营管理，举办了生产队会计培训班，加强生产队财务管理。

实行以生产作业组定产承包，生产管理权下放了一级。在一定程度上加强了对生产劳动的安排管理，解决了过去生产“一窝蜂”现象，劳动效率有明显提高。但仍然实行以生产队为基础的经济核算，统收统分，生产作业组没有分配自主权，农民仍有不少意见。据县农业办调查组对渡马公社苗田大队夏季预分情况的调查结果表明，这种承包能调动农民的积极性，但群众有思想顾虑。

1980年1月10日至3月20日，县委分别召开县、区、社、大队四级干部培训会，学习贯彻党的十一届四中全会通过的《中共中央关于加快农业发展若干问题的决定》（下文简称《决定》）和省委四届四次全委（扩大）会、州委召开的县委书记会议精神。《决定》强调，各级行政机关的意见，“除有法律规定者外，不得用行政命令的方法强制社队执行，应该允许他们在国家统一计划的指导下因时因地制宜，保障他们在这方面的自主权，发挥他们的主动性”。《决定》为农村经济体制改革敞开了大门，鼓励农民在实践中创造新的经验。县委根据中央《决定》，明确提出要尊重生产队自主权，执行什么样的生产责任制由本生产队群众自主讨论决定。党的政策的进一步放宽，让农民多年来想做的事情能够去做了。边远山区居住分散的生产队，开始实行了联产承包到户或包干到户的生产责任制。7月16日至21日，县委召开全县四级干部会，传达邓小平于5月发表的《关于农村政策问题》的讲话、《中共中央关于进一步加强和完善农业生产责任制的几个问题》和省委《关于放宽农业政策的指示》、州委《关于贯彻执行省委〈关于放宽农业政策的指示〉的意见》。会后，全县各生产队就陆续实行以家庭联产承包为主的多种生产责任制。

10月13日，县委发出《关于在放宽农业政策中解决好林业方面几个问题的意见》。提出在调整生产队规模中，要落实好山林权属；要从实际出发，划好社员自留山，对现有的集体山林，要灵活采用多种形式落实管理责任制；集体宜林荒山，应因地制宜实行包栽、包活、包抚育的造林责任制。这样，农村把田土联产承包到户的同时，也把山林管理和荒山造林承包落实到农户。

11月29日至12月3日，县委召开区、社书记会议，学习贯彻中共中央《关于进一步加强和完善农业生产责任制的几个问题》和省委〔1980〕38号文件，总结全县半年多来调整生产关系、放宽农业政策的形势，联系实际，畅所欲言，澄清思想，统一认识。纠正各级领导干部中存在的不敢加强领导农村工作的错误倾向，制定进一步稳定和完善农业生产责任制的步骤和方法。

到 1981 年 6 月底，全县农村实行以家庭联产承包任制为主的工作基本完成。当时全县有 4403 个生产队，包产到户的有 4353 个，占 98.88%。其中，生产队与农户签订联产承包合同的占 96%，因各种原因尚未签订承包合同的占 4%。由生产队统一经营的有 47 个，包产到组的有 3 个。随着全县工作的推进，这些队后来也全部实行了家庭承包责任制。

在坚持生产资料集体所有制基础上的家庭经营和适度规模的合作经营，使农业生产力得到进一步发展，克服了集体生产分配上的“平均主义”弊端和社员出工不出力、吃饭靠集体的依赖思想。多年来的“大锅饭”首先被打破，出现了出勤多、肥料多、开荒多和精耕细作的生产热潮，农业生产获得大发展。

实行家庭联产承包责任制后，农村产业结构出现了新的发展变化。农户为发展家庭经济，从过去的单一经营农业，逐步向林业、牧业、工副业、建筑业、商业、服务行业等方面发展，真可谓“八仙过海，各显神通”。

三、深化农村改革，活跃农村经济

天柱县农村改革经过 5 年的发展，已取得了显著成效。从 1984 年起，县委认真贯彻落实党中央连续三年发出的三个 1 号文件，引导农村深化改革，活跃农村经济，巩固和稳定家庭联产承包责任制，推动农村经济的不断发展。

1984 年 3 月 10—14 日，天柱县委、县人民政府召开全县四级干部会议，传达贯彻中共中央国务院《关于一九八四年农村工作的通知》（中发〔1984〕1 号）和州委“三干会”精神，特邀“两户一联”代表 366 人参加。会上明确宣布，全县耕地承包期延长到 2000 年不变。对承包荒山造林、果树栽培等开发性项目，还可以更长一些。会后，组织了 760 人的宣传工作队，深入乡村宣传和开展延长土地承包期工作。4 月 16 日，县委针对农村在延长承包期中出现的新问题，及时发出《关于延长土地承包期工作的几点意见》（下文简称《意见》）。《意见》要求各乡（镇）必须在春耕生产大忙前，完成农户签订延长承包期合同。《意见》强调，自留地、责任地属于集体所有，不准买卖、不准出租、不准掠夺经营，也不准在责任地上立房、烧砖瓦。这个意见，对稳定和巩固农户联产承包责任制、保护耕地、督促农户实行计划生育，起到了积极的促进作用。

1985 年 1 月 18—23 日，县委分别召开县、区、乡三级干部会议，传达贯彻

《中共中央关于进一步活跃农村经济的十项政策》(中发〔1985〕1号)。会后，组织工作队入村开展宣传。根据中央1号文件和省委贯彻这个文件的通知精神，县委、县人民政府发出《关于改革粮食收购办法的意见》。明确规定，国家公余粮任务实行政府向农户合同定购办法。农户生产出来的粮食，除了完成合同定购任务外，留足了口粮，多余的可以自由上市。其他农副产品全部放开经营，或以协议价格卖给国家，政府不再向农民下达指令性的生产计划。农业税改过去向农民征收实物变为折征现金。这就基本上改变了30多年来实行的统派购政策，把农村经济纳入有计划的商品经济轨道，加快了农村经济商品化的进程，促使传统农业逐步向现代农业转化。

1986年3月，县委召开全县三级干部会议，传达贯彻《中共中央关于一九八六年农村工作的部署》和省委农村工作会议精神。指出全年农村工作的主要任务，就是深入贯彻中央1号文件精神、发动群众开展增收致富大讨论、调整农村产业结构、走综合协调发展道路；大力培养乡土人才、推广应用科学技术；做好扶贫开发工作、进一步完善家庭联产承包责任制；继续抓好农村整党、加强农村基层组织建设。会后，除组织工作队下乡宣传中央文件精神外，还抽调25名干部下到蓝田区、水洞、黄桥、江东、北岭四个乡进行农村基层党的建设和扶贫开发工作，要求各村必须坚持走综合协调发展的道路，使温饱问题得到较好的解决。要从实际出发，在抓好粮食生产的前提下，开展多种经营，发展商品生产。乡镇党委、政府对全乡经济社会发展、要制定出总体规划，狠抓措施落实。

1987年，县委、县政府在加强农业基础设施建设的同时，继续抓好粮食生产，做好贫困乡村的扶贫工作，在全县大力推广杂交水稻、杂交包谷种植，确保粮食丰收。从农业、林业、烟草、民委、科协等单位抽调科技人员到水洞、黄桥、江东、金鸡4乡和石坪、金山两村开展科技扶贫，帮助这些乡村加快经济发展。

1988年1月，县委、县政府召开全县三级干部会，传达省委五届六次全会精神，总结上年工作，安排部署当年各项工作任务。为保证农业生产取得好收成，县政府投入资金76万余元，整修水利设施88处，新增灌溉面积146.46公顷；同时投入16.4万元作为农民购买薄膜、化肥的价格补贴。在州科委的支持下，培训农村初级农业技术人员，大力推广杂交稻、两段育秧等良种良法。

1989年1月，县委召开常委扩大会议，决定投入80万元加强农业基础设施建设，投资58万元支持烤烟生产。9月，县委、县政府召开村以上干部参加的全县农业工作会议，会上组织验收了江头寨、农科村、岩寨村三个水稻规范化模式栽培试点，经现场验收，亩产比常规栽培增产156公斤。会议总结了全县农业生产的经验与教训，号召大力推进水稻规范化模式栽培技术，并对1990年农业生产作了超前安排。

八五期间（1991—1995年），全县完成坡改梯1280公顷，改造中低产田615公顷，新增、改善和恢复灌溉面积2106公顷。

1998年8月，县委召开常委扩大会议，讨论研究农业、农村工作和减轻农民负担问题。会议决定延长农村土地承包期，进一步调动农民生产积极性，提高土地投入，增加农业收入。确定以凤城镇联山村为试点，取得经验后再全面铺开。12月，发出《关于延长农村土地承包期工作有关问题的解释》，解决各乡镇在开展延长土地承包期工作中反映出来的问题，统一干部群众的思想。

2000年9月，县委办、政府办联合发出《关于贯彻落实全国减轻农民负担工作电视电话会议精神的紧急通知》，要求各级各部门坚决贯彻落实党中央关于减轻农民负担的政策，把减轻农民负担工作落到实处。

2001年3月，根据全省农村工作会议精神，县委、县人民政府成立天柱县农村税费改革领导小组，要求不折不扣地执行农民合理负担预决算制度，确保农民当年上交的税费不超过上年人均纯收入的5%，凡超过的要坚决退给农民。

2002年4月，为加强对税费改革工作的领导，决定实行县级领导干部联系乡镇推进税费制度改革，一个县级领导干部包一个乡镇。税费改革后，农村人口人均负担农业税比改革前减少49.54元。农民只向国家上缴税金，不再交售公余粮。

2003年4月，县委、县人民政府建立由24个县直机关单位组成的天柱县农业产业化经营联席会议制度，决定依托山区资源优势，开展多种经营，发展农村经济。

2004年5月，县委、县人民政府在《关于促进农民增收若干措施的意见》中，贯彻落实中央、省委1号文件精神，提出要集中力量发展粮食产业，促进农民粮食增收。

2007年4月，发出《中共天柱县委天柱县人民政府关于积极发展现代化农业，扎实推进社会主义新农村建设的实施意见》，对深入开展社会主义新农村建设作了部署。确定了凤城镇的雷寨村、坌处镇的三门塘村、社学乡的桥联、社学、芹香村、高酿镇的章寨村、邦洞镇的赖洞、摆头村、地湖乡的永光村、远口镇的老黄田村，作为县级建设社会主义新农村试点。通过以点带面，推进全县社会主义新农村建设。

2008年6月，县委、县政府发出《关于切实加强农业基础建设，进一步促进农民增收的实施意见》，提出加强以水利为重点的基础设施建设，深入推进农业经济结构调整，强化农业科技创新，做好新农村试点建设，落实强农惠农政策措施，稳定粮食生产，保障农产品供给，促进农民增收。

1991—2009年，全县围绕“方便耕作、保土保肥、抗旱排涝、稳产增产”的目标，采取山、水、田、林、路综合治理的办法，主要实施以坡改梯和基本农田配套小水池建设为主要内容的德政工程。

天柱县自1995年开始进行农业综合开发项目资格县的申报工作，于1997年成立农业综合开发办事机构；2001年被列入国家农业综合开发项目县，2002年开始实施项目建设。2002—2009年，先后在天柱大坝和蓝田大坝项目区进行8期的项目建设。

2010年，天柱县认真落实国家惠农政策，通过农补网和“一折（卡）通”发放农资综合直补17648万元、粮食直补70万元、良种补贴253万元。

2012年，天柱县在全省率先实施农村居民住房灾害保险和建立三农保险服务体系，并将国家惠农政策落到实处，发放种粮补贴、农资补贴2110万元。

2013年，全县完成农业总产值14.8亿元，比上年增长7.9%。实现粮食总产10.6万吨、生猪出栏20.8万头、水产品总产2009吨。种植烤烟1.46万亩，收购烟叶2.12万担。中央财政小型农田水利重点县项目完成投资1200万元，完成病险水库除险加固8座。改造中低产田4200亩，完成基本农田划定14万亩。农业产业化水平不断提高，实施土地开发项目7个，新增耕地1800亩，实施高标准基本农田建设2.9万亩。完成土地流转4000亩。完成营造林9万亩。完成天柱县油茶产业示范园区规划，建成油茶基地5000余亩。组建农民专业合作社17家，全县农业规模企业达到5家。深入推进新一轮扶贫开发工作，实施草地生态畜牧业、油茶等产业扶贫项目，落实社会帮扶项目 88 个，实现高酿镇、白市镇减贫摘帽，减少贫困人口 2.4 万人。解决 6.5 万人饮水困难问题。完成农村房屋风貌改造 12000 户，完成 30 个 50 户以上连片村寨木质结构房屋消防电改工作。农村整洁工程有序推进，建设农村垃圾池 50 个。

2014 年，全县农业增加值 11.4 亿元，农产品加工业总产值 2.52 亿元。全县粮食总产量 13.01 万吨，比上年增加 7.09%。落实农业补贴总计 706.9799 万元。

2015 年，天柱县大力发展农业“三小”工程，积极培育“一村一品”“一乡一业”。当年全县共有 628 户进行申报，完成规范和评审农业“三小”工程家庭小农场 120 家，小基地 15 个，小企业 10 个，解决 1389 人劳动就业，创收 1.63 亿元。通过大力发展农业“三小”工程，全县涌现出科技示范户 1000 家，养殖专业户 1200 家，农民专业合作社 249 个。

2017 年，天柱县按照现代农业发展的要求，围绕农业供给侧结构性改革，加快推进农业结构调整，优化农业产业布局和推进农业产业化经营，推动天柱农业产业转型升级。全县农林牧渔业完成总产值 27.78 亿元，同比增长 4.7%。农民人均纯收入达 8580 元，同比增长 10.5%。

2018 年，天柱县以推进农业供给侧结构改革和实施乡村振兴战略为主线，以促进农业增产和农民增收为目的，不断提升农业产业快速发展，全县农牧渔业完成总产值 32.03 亿元，同比增长 7%。农民人均纯收入达 9387 元，同比增长 9.4%。

第三节　加强经济体制改革和经济建设

党的十九大报告指出：“必须坚持和完善我国社会主义基本经济制度和分配制度，毫不动摇巩固和发展公有制经济，毫不动摇鼓励、支持、引导非公有制经济发展，使市场在资源配置中起决定性作用，更好发挥政府作用，推动新型工业化、信息化、城镇化、农业现代化同步发展，主动参与和推动经济全球化进程，发展更高层次的开放型经济，不断壮大我国经济实力和综合国力。”根据这一指导思想，天柱县始终坚持以经济建设为中心，主动适应新常态，着力推进供给侧结构性改革，持续保持经济运行平衡健康态势。

一、建立社会主义市场经济体制

党的十四大明确提出：“我国经济体制改革的目标是建立社会主义市场经济体制。”这个改革目标的提出，既是解放思想的产物，又对进一步解放思想提出了新的更高的要求。为适应这一要求，天柱县委首先从提高干部群众思想入手，在干部中开展学习社会主义市场经济理论，让理论成为行动的先导，为建立社会主义市场经济体制作好思想准备。

1993 年 12 月 22 日，天柱县委召开常委扩大会议，在传达贯彻州委五届六次全委扩大会议精神时提出，要认真学习《邓小平文选》第三卷和《中共中央关于建立社会主义市场经济若干问题的决定》，认清当前形势，统一思想认识，努力完成今年经济工作任务，为 1994 年工作打好基础。

1994 年 3 月 15 日，县委在《1994 年工作要点》中提出，要抓住机遇，解放思想，实事求是，加大改革力度，加快经济改革步伐，建立社会主义市场经济体制，保持经济持续、快速、健康的发展。3 月 20 日，县委在全县经济工作会议上强调，要围绕建立社会主义市场经济体制，抓好各项改革措施的落实。4 月 20 日，天柱县委在批转宣传部、组织部、党校《关于组织全县干部职工认真学习〈邓小平文选〉第三卷的请示》的批示中指出，全县在职干部特别是副科级以上领导干部，要自觉地刻苦钻研邓小平原著，深刻领会解放思想、实事求是这一理论精髓，学会运用马克思主义的立场、观点、方法，研究新情况，解决新问题，使我们在建设社会主义市场经济中，迈出新步伐，取得新成绩。9 月，县委在党校分期分批对全县副科级以上干部进行培训，学习社会主义市场经济基本理论知识。

为了使全县深入了解建立社会主义市场经济体制的必要性和可行性，1994 年 5 月 6 日，县委成立了天柱县思想解放大讨论领导小组。要求各乡（镇）党委和县直部门都成立思想解放大讨论领导小组。为了使思想解放大讨论能够落到实处，进一步贯彻落实党的十四大和十四届三中全会精神，5 月 7 日，天柱县委在关于转发州委〔1994〕4 号文件的通知中指出：要从过去传统的计划经济体制转换为市场经济体制，需要解决思想上的许多认识问题和实际工作中的具体问题。决定从5月到9月，在全县范围内开展解放思想大讨论。5月10日，县委召开全县思想解放大讨论动员会，传达省、州委关于开展思想解放大讨论的精神，安排部署开展思想解放大讨论的工作任务。

这次思想解放大讨论，以“解放思想，振奋精神，真抓实干，加快发展”为主题，分三阶段进行。首先，县委举办读书班，组织副科级以上领导干部集中学习《邓小平文选》、十四大和十四届三中全会文件，提高思想认识；第二，进行工作回顾，寻找差距；第三，制定对策，进行整改，促进发展。

通过大讨论，在全县形成“抓农业稳县，抓工业富县，抓商业活县，抓科教兴县”的新思路和不断深化改革、扩大对外开放、加快经济发展的新举措，制定出《天柱县农业综合发展规划（1994—2010）》《天柱县乡镇企业发展规划（1994—2010）》《天柱县人民政府关于进一步促进个体私营经济发展的暂行规定》和《中共天柱县委、天柱县人民政府关于贯彻实施〈中国教育改革和发展纲要〉的意见》。

随着社会主义市场经济体制的逐步建立，除县城开发试验区起步建设外，各乡镇也纷纷兴办小开发区。到1997年，全县个体工商户发展到5678户，比1992年增长76.7%；个体私营企业发展到83户，同比增长3.4倍。全县个体工商、私营企业从业人员达8000余人；上交地方财政税款670万元，比1992年增长44.8%。在全县工业总产值中，各种经济成分所占比重是：县级国有经济占23.82%，集体经济占21.56%，村办工业占1.81%，城乡个体经济占52.79%。

二、完善社会主义市场经济体制

天柱县委围绕建立和完善社会主义市场经济体制，积极贯彻中央各项政策，扩大对外开放，开展招商引资，落实西部大开发，以城镇为中心加强经济建设和改革，使国民经济持续健康发展。

1998年2月，县委发出《中共天柱县委、天柱县人民政府招商引资政策》，明确指出，为加快天柱县改革开放和经济建设步伐，促进社会各项事业全面进步，特制定招商引资政策。文件规定，对前来天柱投资开发的投资者，根据投资的大小、开发建设的规模，在土地征用、税费征免、户籍管理方面给予相应的优惠政策。对积极为本县招商引资的单位和个人，给予必要的奖励。同时，为了扩大天柱县知名度，吸引外商投资，县委不仅印发《天柱县投资指南》，而且通过省、州以至中央广播电台和报刊等途径大力宣传天柱县，让县内外、省内外、国内外的人们对天柱县情有所了解。

1999年3—4月，县委、县人民政府召开全县农业农村工作会议，强调要从战略全局高度提高对农业基础地位的认识。进一步调整农业经济结构，推进农业产业化进程。按市场经济规律，突出抓好林果业和畜牧业的产业化经营。开拓农贸市场，搞好农产品营销。确保农业增产，农民增收，农村稳定，促进农业、农村工作上台阶。

2000年1月，天柱县委、县人民政府成立了天柱县迎接国家西部大开发领导小组。2001年5月，县委、县人民政府发出《关于实施西部大开发战略的意见》，并把大开发项目纳入全县“十五”建设规划。

为加快调整农业产业结构，促进经济持续健康发展，2001年12月，县委发出《关于县级领导联系乡镇和示范服务基地的通知》，推行四大班子领导干部联系农业示范点办法。

2001年，在实施西部大开发战略中，经过县委、县政府积极争取，天柱县被列入全省农业综合开发项目县。12月，县委常委会议决定成立天柱县农业综合开发领导小组，负责领导农业综合开发工作。

2002年6月，县农业综合开发办正式启动天柱大坝综合开发项目，治理面积2133公顷，分三期进行。要求高起点规划，高标准设计，高质量施工，高速度推进，加强农田基本建设。

三、深化城乡经济体制改革，推进产业结构性调整

天柱县委、县人民政府围绕富民强县、全面建设小康社会目标，在实施西部大开发和新时期的扶贫开发中，进一步调整城乡产业结构，加强城镇建设和社会主义新农村建设，扩大就业门路，促进农村富余劳动力的转移，取得了一定的成绩。

（一）走现代新型工业化道路，适应市场经济发展

虽然通过一系列的改革，天柱县的工业企业经济效益有所好转，但由于受到

能源问题和人才问题的制约，工业经济仍然无法较快地发展。在新的形势下，这种状况已经不能适应市场经济发展的要求。在国有企业改革中，天柱县委认为通过引进人才和引进技术，开发天柱丰富的资源，走新型工业化发展道路已势在必行。在实施国家西部大开发战略中，决定抢抓机遇，大力加强信息化建设，走新型工业化道路。从此以后，一批现代新型特色产业陆续兴起。

天柱地下蕴藏着各种矿产资源，特别是重晶石储量丰富。2001 年，通过招商引资，国有河北辛集钡盐化工集团有意到天柱投资重晶石加工，天柱县人民政府决定与其联合筹建年产 5 万吨碳酸钡项目。6 月 13 日，天柱县委常委会议同意县政府党组《关于合资筹建年产 5 万吨碳酸钡项目的建设方案》。2002 年，在贯彻落实党的十六大精神中，县委、县政府决定充分发挥本地资源优势，推进产业结构优化升级，加快发展对经济增长有突破性重大带动作用的高新技术产业。通过洽谈双方达成协议，建立了中国昊华化工集团天柱化工有限责任公司。[①]

天柱化工有限责任公司占地面积 18.9 公顷，总投资 2.53 亿元。有员工 624 人，其中科技人员 160 人，占 25.6%。第一期工程建成投产仅用 7 个月时间，进度之快是天柱县以往没有的。在 2004 年试产的 9 个月中，就完成产值 3248 万元，位居全县企业第一位。2005 年实现产值 6554 万元，比 2004 年增长一倍。

2007 年，公司完成产值 10624.6 万元，比 2005 年增长 62.11%。从公司的生产发展来看，其“利”“害”是十分明显的。通过科学治理，其“害”的物质就被转化为硫黄、硫脲、硝酸钡，剩余的钡渣，通过加工变成钡砖，变“害”为“利”，重晶石所创造的价值就会更高，对社会产生的效益更为显著。公司的生产发展过程，特别显示出科学技术在现代工业中所占的突出位置。正如党的十六大报告中指出的：“走新型工业化道路，必须发挥科学技术作为第一生产力的重要作用，注意依靠科技进步和提高劳动者素质，改善经济增长质量和效益。”[②] 这是党中央从以往的历史经验中做出的科学总结，应该永远牢记。

（二）加快发展个体私营经济发展，适应市场经济需求

随着国有工业企业的改革，非公有制经济也加快了发展的步伐。1992 年 10

① 原名“天柱辛集钡盐有限责任公司”。2009 年 5 月更名为中国昊华化工集团天柱化工有限责任公司，简称“天柱化工有限责任公司”。

② 本书编写组：《中国共产党第十六次全国代表大会文件汇编》，21 页，北京，人民出版社，2002。

月30日，县委、县人民政府决定成立天柱县一村一品科技兴农活动领导小组、山区农业综合开发领导小组、扶贫领导小组、乡镇企业领导小组，杨广林分别任组长，各主管局长任办公室主任。

1994年5—9月，通过思想解放大讨论，形成了“抓农业稳县，抓工业富县，抓商业活县，抓教育兴县”的新思路。1995年2月20日，县委、县政府根据全州经济工作会议精神，制定了《中共天柱县委天柱县人民政府关于加快乡镇企业发展的奖励规定》。这个文件的出台，促进了个体工商户和私营企业的发展。当年，个体工商户发展到4661户，比上年增长20%，比1992年增长45%。

从1998年开始实行招商引资以来，一些外商先后到天柱投资开发矿山资源。到2004年，招商引资规模以上私营矿产企业有11个。根据党的十六大关于可持续发展战略和国家有关政策规定，对矿产企业进行了整顿。关闭了污染严重而又缺乏治理能力的企业，保留了科技力量强、能治污的企业。到2006年，全县规模以上私营矿产企业有5个。天柱县天雁公司，主要开采重晶石。2006年产值达到2437万元，是2003年的12.5倍。天柱县兴龙化工厂，厂址在邦洞高寨村，主要生产硫化钡、立德粉，2006年产值达到1998万元，是2003年的2.3倍。天柱县金矿，2006年产值1785万元。天柱县舞阳水泥厂（原名邦洞水泥厂，改制后为个体私营企业），2006年产值达到1351万元，是2003年的2.7倍。天柱页岩机砖厂，2006年产值达到3133万元，是2003年的9.6倍。这些个体私营企业，成为振兴天柱经济的骨干企业。

随着社会主义市场经济体制的建立，本县在农、林、牧、建筑等方面涌现出一批招商引资私营加工企业。有食品加工厂（包括植物油加工、干牛肉加工、烤鸭加工、米面加工及米面制品加工）、竹木制品加工厂、预制板加工厂、砖瓦厂等。这些企业虽然多数规模小、利润低，但却是社会建设和人民生活不可或缺的。

（三）优化工业布局，走可持续发展道路

“十五”期间，随着国有企业的改制，招商引资企业的兴起，特别是天柱化工有限责任公司的兴建，使全县工业落后的面貌开始得到较大的改观。县第十次党代会提出“一区”，就是把各类工业企业按其属性适当集聚，建立工业园区。依靠科学技术，发展循环经济，提高资源综合开发和利用，走可持续发展道路。

1. 建立循环经济工业区

2007年1月17日，县委常委会议决定，成立黔东循环经济区天柱工业园区管理委员会，为县人民政府派出机构。按照统筹兼顾、全面发展的要求，以凤城镇为中心，连接邦洞镇和社学乡，建成集聚能源和农林产品、建材产品和矿产品加工为片区的黔东循环经济区天柱工业园区，以提高资源的利用率和产出率。在总体规划设计上，按中、长期发展目标要求，整个功能区域沿“天柱—会同”“天柱—芷江”两条省际公路线，南从社学乡的芹香村起，北到邦洞镇的胡家洞村止，土地总面积为8.1平方公里。按照新型工业示范区建设要求，制订了《天柱功能区工业项目准入管理办法（试行）》和其他管理制度。坚持以人为本，注重功能区开发与环境保护相协调；近期、远期发展与县城总体发展相衔接。在招商引资项目上，既注重企业的科技水平和发展能力，又要有利于生态环境的保护，保持经济可持续快速发展。三年中功能区先后签约兴办项目有：2007年与广西开发商签约投资7.6亿元，在邦洞高野开办贵州宏坤瑞矿业开发有限责任公司，年产40万吨钡盐系列产品；2009年与北京开发商签约投资3.1亿元，在邦洞高野兴办贵州德辰实业有限公司，年产12万吨钡盐系列产品；2009年与香港开发商签约2亿元，在邦洞刘家坳兴办贵州金山碧水食品有限公司，实施农畜产品加工。

2. 实施矿山整合优化经营

通过优惠政策招商引资，使全县工业取得较快发展。2006年，全县矿山企业有115个。其中，黄金矿企业24个，重晶石矿企业19个，煤炭企业16个。项目投资300万元以上有60个，总投资计18.6亿元。从2007年开始，县委、县人民政府继续按照保护生态资源环境、综合开发利用和以大带小、以强带弱，提高资源利用率的原则，由县国土资源、环境保护、煤炭工业、乡镇企业等职能部门，对全县矿产企业依法进行全面清查，立卷归档。对超层越界开采、无证非法开采和污染严重的企业进行立案查处，强制关闭。通过资源整合和清理整顿后，全县矿山开采企业共有80个。其中，黄金开采企业有7个，重晶石开采企业有7个，煤矿采掘企业有11个。在整合过程中，以上公塘重晶石矿区作为构建和谐矿区试点，加强对矿产资源综合勘查和综合利用的评价指导，努力推进大矿建设，以提高矿产品综合利用。实行依法挂牌拍卖采矿权，征收矿山资源补偿费和矿权价款费。对矿山企业安全生产进行巡查年检，维护国家和人民的利益。到2009年，有12个矿山企业完成整合后办理了新的采矿许可证，投入生产。

（四）实施财政管理体制改革，保障经济建设有效运行

为了保障经济建设和人民生活，县委、县人民政府在积极发展经济的同时，加大了财政体制改革力度。

一是实行县乡两级财政包干制，增强县乡两级党政发展经济的积极性、开拓性，努力扩大财源，增加税收。1993年12月13日，县委常委会议专题讨论财政税收工作。会议听取县财政局当年财政工作汇报后，决定继续实行乡（镇）财政包干体制和兑现政策。会议要求县、乡两级党委政府加强对财政、税收、金融工作的领导，以积极的态度迎接“分税制”财税体制改革。实行乡（镇）财政包干后，部分乡（镇）不能及时兑现老师工资，县四大班子1995年1月9日会商决定，乡（镇）老师工资归县财政发放。

二是压缩行政经费开支，保障经济建设的运行。1993年5月6日，经县委、县人民政府研究决定，由县委办、县政府办联合发出《关于压缩机关行政事业经费开支的决定》（下文简称《决定》）。《决定》指出，为切实遏制机关行政事业单位经费开支不断膨胀的势头，做出四条规定：严格压缩各种会议开支；加强财政审计监督，严格执行国家财经纪律；加强各单位车辆管理，严禁私人私事用公车；各单位不得私设小金库。并强调，凡在县城召开的各种会议，除党代会、人代会、政协会、团代会、妇代会及人大、政协例会外，其他会议县机关参会人员一律不在会上就餐；各种会议不发纪念品。1996年1月23日，县委针对全县财政拮据情况，决定1996年财政不再发放“三费两贴”，由各单位自筹经费解决；车辆油费只解决四大班子、纪检监察、政法系统的需求，其余各部门自理。通过改革，保证了干部职工的工资发放和党政主要工作的正常运行。

（五）借鉴成功经验，建立改革开放试验区

1994年8月5日，天柱县委常委经过充分讨论，决定在广东省东莞市设立天柱县经济对外联络办事处，以便开展对外开放工作。11月29日，召开县委常委扩大会议，研究加快全县经济发展问题。会议决定建立天柱县改革开放试验区，成立试验区建设领导小组。杨祖权任组长，申群炳、石玉垆、瞿永昌任副组长。

1995年2月10日，县委、县人民政府制定出《天柱县改革开放试验区建设实施方案》。方案提出试验区总体发展思路、建设目标、建设步骤、建设内容及

配套政策和组织保证。3月21日，成立天柱县改革开放试验区办公室，由瞿永昌兼任办公室主任。5月22日，县委召开四大班子联席会议，听取试验区办公室汇报到桐梓县参观学习考察情况和关于建立改革开放试验区的意见。会议要求试验区办公室近期要拿出两个规划方案供县四大班子决策。

8月23日，四大班子联席会议专题研究天柱县改革开放试验区建设方案。通过了县委、县人民政府《关于加快天柱县城建设开发的决定》和《关于建设天柱县商贸开发试验区的决定》。县城是全县政治、经济、文化的中心，天柱县委、县人民政府决定以县城建设为突破口，走“农村城镇化”的道路。通过县城的发展，带动乡镇和其他行业的发展，促进全县经济的腾飞。县城建设的规模，按县九届人大常委会1986年6月18日通过并报省人民政府批准的《天柱县城镇总体规划》执行。县城建设面积总体控制在5.3平方公里以内，人口控制在5万至6万人。

按现代化城镇的要求，从县改市的长远目标出发，对原片区规划和功能配置作了适当调整。城东从东门口至雷寨，建设商贸开发试验小区；城北从联山至邦洞的公路两旁，建设工业开发试验小区；从天柱桥沿鉴江、朗江而上的三角地带，建设旅游开发试验小区，并有计划地改造老城区。县城建设是“九五”重点建设项目，由试验区办公室组织实施。

商贸开发试验小区的建设，规划设计面积500亩，位于县城东门口至雷寨大井，沿公路1060米长路段两侧平行展开。第一期建设面积350亩，拓宽商品流通市场，带动相关产业发展。凭借天柱特有的资源优势和区位优势，建成湘、黔、桂三省区边区规模较大、功能齐全的黔东商贸城。商贸区建设由试验区办公室和县城建设开发指挥部组织实施。实行统一征地、统一出让、统一规划、统一建设、统一管理。县人民政府制定各种优惠政策，欢迎和鼓励县内外不同经济成分的企业前来平等竞争，共同开发。9月8日，县委发出通知，增补扶贫挂职县委常委、副县长胡立黎为改革开放试验区领导小组副组长。同时成立天柱县县城建设开发指挥部，瞿永昌兼任指挥长，负责县城开发区建设工作。

1996年1月19日和29日，县委常委两次召开会议，听取县城建设开发指挥部汇报商贸开发试验区建设问题。经过讨论，原则通过城建指挥部《关于县城商贸开发试验小区建设用地出让及房屋规划、建设、管理的实施细则》。会议指出，开发区用地的审批与出让，本着既要合法又要快办的原则，开放搞活、公平竞争。允许县内外人员公平购买，不受地域、单位、户籍、职业的限制。住房建设用地出让年限为70年。本县干部职工买地建房须经有关部门审查资金来源，把好廉政关。土地出让收入，要制定合理的分配方法，确保县级财政增收。土地出让价格，要根据市场经济特点和天柱实际，经集体研究决定，保证卖得出、卖得快、卖得好。市政建设要做到功能齐全、布局合理、独具特色。从整个县城的全面繁荣昌盛出发，统一划出商贸区各类专业批发和零售市场。

（六）优化农业布局，发展特色产业

2003年4月，县委、县人民政府建立由24个县直机关单位组成的天柱县农业产业化经营联席会议制度，决定依托山区资源优势，开展多种经营，发展农村经济。

2005年8月，为加快农业产业结构调整，推进农村经济发展步伐，县委办、政府办联合发布《天柱县六大主导产业实施方案》，要求各乡镇认真落实，抓出成效。

1.加快农业产业结构调整，推进农村经济发展

党的十六大指出："统筹城乡经济社会发展，建设现代农业，发展农村经济，增加农民收入，是全面建设小康社会的重大任务。"① 天柱县委、县人民政府围绕富民强县建市、全面建设小康社会目标，在实施西部大开发和新时期的扶贫开发中，进一步调整城乡产业结构，加强城镇建设和社会主义新农村建设，扩大就业门路，促进农村富余劳动力的转移，取得了一定的成绩。

2003年4月9日，县委、县人民政府建立由24个县直机关单位组成的天柱县农业产业化经营联席会议制度，由姚学银、李俊和李锦宏担任联席会议召集人。决定依托山区资源优势，开展多种经营，发展农村经济。2005年8月8日，为加快农业产业结构调整，推进农村经济发展步伐，县委办、政府办联合公布《天柱县六大主导产业实施方案》，要求各乡（镇）村认真落实，抓出成效。

（1）畜牧水产业

2004年4月13日，县委、县人民政府发出《关于加快畜牧水产业发展的意见》，提出以增加农民收入为目标，以市场为导向，依靠科学进步，加快畜牧水

① 本书编写组：《中国共产党第十六次全国代表大会文件汇编》，22页，北京，人民出版社，2002。

产业经营步伐。要求到2010年，畜牧业总产值比2000年增长69%。

主要措施：一是积极推进公司加基地加农户为主的经营模式，形成以龙头企业带动千家万户的生产格局。二是抓住西部大开发机遇，加快退耕还林、林草间作步伐。三是在凤城、邦洞、社学、高酿、石洞、坪地、蓝田、渡马、白市、远口等乡镇各建一个畜禽养殖基地。

同时按照省委、省政府要求，在全县实施“千百万”工程。这对全县畜牧水产业的发展起了促进作用。2004年人工种草1008公顷，引草入田77.6公顷；2005年播种优质牧草2160公顷，建立养猪、养羊等养殖业协会。12月5日，姚学银主持召开生猪产业发展联席会议，讨论制定生猪产业发展方案，落实发展资金及有关具体措施，加快畜牧业发展步伐。

2002—2006年，畜牧业发展不够平衡。大牲畜由于繁殖缓慢，出栏量过大，导致数量有所下降；猪、羊、家禽发展较快，成效显著。2006年与2002年相比，大牲畜出栏9531头，增长1.07倍；年末存栏85989头，下降1.6%。其中牛出栏9436头，增长1.1倍；存栏83586头，下降1.56%。猪出栏237844头，增长25.5%；存栏242895头，增长10.6%。羊出栏17302只，增长67.2%；存栏35356只，增长63.98%。肉类总产21852吨，增长45.4%；禽蛋总产622吨，增长1.5倍。畜牧业产值达23944万元，增长87.19%。内陆水域渔业养殖稳步发展，稻田养殖逐年有所增加，人工捕鱼逐年减少。2006年，全县鱼类产量756吨，增长2.1倍；实现产值700万元，增长2.15倍。

（2）林果产业

2004年7月1日，县委、县人民政府发出《关于加快林果业发展的意见》。提出以改善生态环境为重点，以农业产业结构调整和增加农民收入为主线，以市场为导向，走以人为本、科学发展的道路，兼顾生态效益、经济效益和社会效益，全面推进林果业的发展。要求狠抓重点，突出特色，合理布局，整体推进。2010年，新建速生丰产林基地13333.3公顷，生态公益林8000公顷，建成脐橙基地3333.3公顷，新建山核桃基地666.6公顷，完成油茶山低产改造1万公顷，全县森林覆盖率达到57%以上。

天柱县成立林果业开发领导小组，负责发展规划，乡（镇）成立林果业领导小组，领导各村开展实施。根据规划和措施要求，2005年全县建成1000吨气调库和果品批发市场，全县林果业稳步发展。2006年，果园面积2527公顷，比2002年增长23.9%。其中，以金秋梨为主的梨园有259公顷，增长10.2%；柑橘园（包括柑、橘、橙、柚）2185公顷，增长23.9%；桃园19公顷，增长11.7%；葡萄园29公顷，增长16%。各种水果产量达10896吨，同比增长80.1%。

实施放开木材经营政策以来，木材采伐量迅速增长。2006年采伐62500立方米，比2003年增长13.35倍。全县林业总产值为5804万元，比2002年增长5.15倍。

（3）优质烤烟产业

天柱县生产的清香型烤烟，在全国享有盛名。县委、县人民政府继续把发展烤烟作为财政增收、农民致富的一项重要产业列入重要议事日程。每年烤烟生产任务下达到乡（镇），落实到村和农户。号召广大农民大力发展烤烟，增加经济收入。2003年1月14日，县委、县人民政府发出全县烤烟生产安排意见，要求各乡（镇）兴办3公顷以上集中连片优质烤烟基地，明确分管领导，落实移栽面积，签订产供销合同，抓好技术培训，做好后勤服务，并把县四大班子领导成员联系点和机关帮乡驻村单位落实到村。

当年，移栽面积338公顷，收购烤烟283吨，实现烤烟特产税55万元。2004年移栽201公顷，收购烤烟185吨，实现烤烟特产税52万元。2005年，高酿、石洞、坪地、蓝田等乡镇种植烤烟逐步形成产业化经营，移栽面积204公顷，收购烤烟199吨，烤烟特产税47万元。2006年移栽面积达到230公顷，收购烤烟230吨，完成烤烟特产税64万元。

（4）优质水稻产业

改革开放后，为提高全县粮食产量，县农业局每年都要引进一些高产优质水稻新品种，先进行试验，然后再进行推广。

“十五”期间，全县每年推广优质水稻种植面积20250公顷。其中，高酿镇农推站推广面积在260公顷以上。2001年，该镇农推站生产的“高酿天子米”畅销省内外，深受消费者喜欢，2005年在全国杨凌农业高科技成果博览会上荣获“后稷奖”，2006年4月，被州人民政府评为“龙头企业”。2006年在实施科技特派员制度试点工作中，县科技局与高酿农推站农技员组织成立“天森源米业有限公司”和“高酿天子米”协会，实施“高酿天子米”规模发展。当年在全镇23个村实行"订单"种植优质稻"凯香优"等系列品种1070公顷，收购稻谷4000多吨，加工"高酿天子米"2300多吨，实现销售收入46.8万元，成为粮食体制改革后第一批税收，国家、公司和农民三方有利。

2. 转变经济发展方式，推进农业结构优化升级

进入新的发展阶段后，党中央对贫困地区加快经济发展提出了新的要求。2005年12月15日，时任国家总书记胡锦涛在青海考察工作结束时的讲话中说道："经济增长方式粗放，已经成为制约我国经济社会发展的一个突出问题。粗放型经济增长方式不转变，能源资源的瓶颈制约就难以打破，经济运行就不可能进入良性循环，经济社会发展的良好势头也难以长期保持。"①"欠发达地区要实现经济社会的跨越式发展，更要切实做好转变经济增长方式这项工作。"②党的十七大进一步强调了转变经济发展方式的重要性，指出"这是关系国民经济全局紧迫而重大的战略任务"③。天柱县委从全县实际出发，认真贯彻了中央这个战略思想。

天柱县地处黔东南东部，属中亚热带湿润季风气候区域。地形结构复杂，日照、水文、土壤各有差异。为了全县经济又好又快发展，县第十次党代会提出"两圈一区一带"的经济发展思路。通过转变经济发展方式，推进产业结构优化升级，使全县逐步形成种养殖业上规模、工业企业上档次、旅游服务事业上水平的区域经济发展新格局。

所谓"两圈"，即在坪地、石洞、高酿、社学等高海拔地区，大力发展烤烟、中药材、辣椒等农作物，形成"高海拔经济圈"；在风城、蓝田、高酿等坝区，大力发展优质水稻、生猪、肉牛、骡鸭等产业，在渡马、白市等丘陵地带，大力发展以脐橙为主的优质水果业，形成"中低海拔经济圈"。所谓"一带"，即以三门塘旅游景区为龙头，以清水江电站库区为依托，在清水江沿岸的坌处、竹林、远口、地湖、白市、江东、瓮洞七乡（镇），重点开发楠竹及制品、茶油及成品、水产品、黄金饰品等旅游产品，形成"旅游经济带"。

① 中共中央文献研究室：《深入学习实践科学发展观活动领导干部学习文件汇编》，123页，北京，中央文献出版社、党建读物出版社，2008。

② 中共中央文献研究室：《深入学习实践科学发展观活动领导干部学习文件汇编》，123页，北京，中央文献出版社、党建读物出版社，2008。

③ 中共中央文献研究室：《深入学习实践科学发展观活动领导干部学习文件汇编》，306页，北京，中央文献出版社、党建读物出版社，2008。

2008年12月，县委十届三次全会在讨论《中共天柱县委关于认直学习贯彻党的十七届三中全会精神，进一步加快农村改革发展的实施意见》中，提出全力打造“天柱茶油”“天柱土鸭”“清香型烤烟”“丰宝牌天子米”“清水江牌脐橙”五大品牌，提升品牌效应。

按照市场牵龙头、龙头带基地、基地连农户的路子，建设专业化、优质化、标准化、规范化的农业产业化五大基地：一是在高酿、凤城、蓝田等坝区建成优质稻基地；二是在蓝田、凤城、邦洞、渡马等乡（镇）建成生态畜牧业基地；三是在清水江沿岸和渡马、凤城、蓝田等乡（镇）建成林果业基地；四是在竹林、远口、坌处、石洞等乡（镇）建成油茶林基地；五是在凤城、坪地、石洞、高酿、社学、蓝田、渡马等乡（镇）建成清香型烤烟基地。

大力发展以清香型烤烟、优质水稻、生猪、脐橙、油茶、骡鸭为重点的六大主导产业，确保基地建设专业化、领导具体化、经费保障化、工作常规化。经过三年的发展，五大产业基地奠定了良好基础，六大主导产业取得了一定成绩，整个发展形势良好。

（1）优质水稻产业

作为产业订单发展的水稻产业，当时全县仅有天柱县天森源米业有限责任公司。从2005年以后，订单种植面积由高酿镇扩大到凤城镇、蓝田镇、渡马乡、石洞镇，带动了全县优质水稻的种植。2009年，全县水稻种植1186.7公顷，总产量97753吨，其中优质稻种植7100公顷，占总面积的63.47%；优质稻总产量61493吨，占水稻总产量的62.9%；亩产577公斤。

（2）生猪产业

随着农村富余劳力向城镇转移，2007年农村养猪比2006年有所下降。2008年3月，县人大十五届二次会议提出了要加快发展生猪养殖业的意见。当月25日，县委、县人民政府建立了天柱县畜牧业发展联席会议制度，由杨培璋、龙云茂、龙开泉、吴贵英为召集人。同时把副科级的畜牧兽医局从农业局分离出来，成立正科级畜牧兽医（水产）局，加强对畜牧业的指导和服务工作。畜牧兽医（水产）局单设后，加大畜牧技术推广，落实能繁殖母猪政策性保险和补贴，恢复重建规模养殖场23个，发放良种二元母猪313头；举办畜牧技术培训30期，受训5000余人；发展生猪养殖示范小区和生猪规模养殖场（户）398个。其中，年出栏商品猪100头以上的有16个。当年，全年生猪出栏178654头，年末存栏181363头，与上年相比，分别增长8.07%、1.17%。到2009年，生猪出栏19.63万头，比上年增长9.8%；存栏183655头，同比增长1.26%。在年末存栏中，能繁殖母猪25万头，比上年增长10.8%。猪肉产量13433吨，比上年增长3.05%。生猪产业出现了良好发展趋势。县养猪协会饲养良种母猪2436头，公猪50头，带动农户4160户。2009年12月，被中国科协、国家财政部授予“全国科普惠农先进单位”。

（3）油茶产业

实施“十一·五”计划以来，通过林业技术人员的示范改造和技术指导，油茶产业得到较快的发展。到2009年，已完成油茶低产林改造281公顷，新建优质油茶示范基地3公顷，油茶优良品系推广85.3公顷。其中，在竹林乡举办一期油茶低改培训，受训86人，指导该乡农户油茶低改1000公顷。新选油茶良种9个，可用良种20个，为发展油茶产业打下了良好基础。2009年，根据《中共中央关于推进农村改革发展若干重大问题的决定》中关于“采取有力措施支持发展油料生产，提高食用植物油自给水平”的指示，国家林业局场圃总站处长马志华、省长林树森先后到天柱考察油茶产业的发展情况，成立了省林科院天柱油茶研究中心。12月22日，省人民政府在天柱召开全省油茶产业发展现场会。国家林业局把天柱县列为油茶林示范基地试点县，省政府把天柱县列为全省油茶良种采穗圃生产基地县，极大地推动了全县油茶产业的发展。各乡（镇）开展了油茶产业化培训，利用草山荒地进行规范化栽培，各家各户也在自留地、责任山上栽培，油茶产业得到较快发展。

（4）脐橙产业

天柱脐橙从注册“清江”品牌后，脐橙产业取得较好的发展。到2009年，全县脐橙栽培面积已达1233.3公顷，比2006年增长12.8%；产量达5040吨，同比增长157.8%。

（5）烤烟产业

县委一直把发展烤烟生产作为发展农村经济、增加农民收入和财政收入的重要产业项目。提出全县烤烟产业要坚持“稳定政策，加强基础，扩大规模，提高质量，增加效益”的指导方针和“高标准、高起点”的工作要求，逐年扩大种植规模，集中在适宜种植烤烟的石洞、高酿、坪地、社学、凤城、蓝田、渡马、瓮洞8个乡（镇）发展产业。2009年1月6日，县委、县政府成立了天柱县烟草现代产业发展领导小组，组长文松波，常务副组长杨光杰，副组长罗敏、龙云茂、龙开泉、吴贵英。各乡（镇）党政主要领导、县属企事业单位负责人与县人民政府签订目标考核责任状，落实烤烟生产任务。烟草部门执行科技承包指导，县水利部门为烤烟产区进行水利配套建设，烤烟生产形成一条龙服务。当年，移栽面积达到1400.5公顷，比2006年增长5.1倍；收购烤烟2102吨，同比增长8.1倍；农民烟草总收入2809.82万元，同比增长7.5倍；实现烤烟特产税618.16万元，同比增长8.9倍。

（6）骡鸭产业

2007年，天柱县把发展骡鸭（土鸭）产业作为实施科技开发项目，开始大力发展。县畜牧科技部门投资50万元在联山村建立鸭苗繁殖科技示范基地，计划年产鸭苗100万只。2008年，派出科技特派员6名，建立养殖专业合作社3个，养殖基地10个；全县有种鸭饲养及繁殖专业户25户，规模养鸭场（户）2715个，其中年出栏商品鸭1000只以上的有408个。2009年出笼146.31万只，存笼35.26万只。县科技局2009年科研项目“三穗麻鸭、天柱骡鸭规模化养殖开发”和“天柱县骡鸭优质高效生产配套技术集成与示范”，进入国家科技部支撑项目和贵州省农业攻关项目。

（7）肉牛产业

2005年，肉牛产业以科技扶贫项目在石洞镇的金凤、盘杠两村开始推行。从2006年起以整村推进形式，先后在坪地镇的暗沟村、兆寨村、邦洞镇的西安村、鱼塘村、凤城镇的坝寨村、福寨村、老寨村发展。4年累计购进能繁育母牛537头、种公牛1头，建草场246.5公顷，加上建牛圈等，共投入扶贫资金共327万元。

（8）其他特色产业

各乡（镇）的村、组、农户，根据本地特点和市场需求，发展其他特色产业。如高酿镇有金秋梨基地186.7公顷、花椒基地26.7公顷，地湖乡永兴村有杨梅基地10公顷、中河村有山核桃基地8公顷，还有凤城镇南康村农户栽培的鱼腥草（又名折耳根）等。以上这些，对于发展农村经济起了良好的作用。

从2007—2009年，通过农业产业的调整和产业化经营，农业经济得到较快的发展。2009年，全县农林牧渔业实现总产值91708万元，比2006年增长15.1%，年均增长5.03%。粮食总产量实现143967吨，同比增长6.6%，被国家农业部授予“全国粮食生产先进县”称号。

2010年，在县委、县政府的领导下，全县各级干部群众以科学发展观为指导，紧紧抓住发展这一根本要务，扎实开展各项工作，国民经济实现了持续健康发展，各项社会事业全面进步，继续保持良好的发展态势。全县实现农林牧渔业总产值10.48亿元，比上年增长5.2%。

2012年，县委、县政府认真贯彻落实国发2号文件精神，紧紧围绕“加速发展、加快转型、推动跨越”主基调，实施“工业强县、城镇带县、文教兴县”三大战略，全力推进经济转型升级，社会保持和谐稳定，人民生活水平进一步提高，为全面建成小康社会奠定了良好的基础。全县国内生产总值40.16亿元，比上年增长16.6%。转变发展方式和调整产业结构取得重要进展，一、二、三产比重由22.1∶40.8∶37.1转变为21.5∶41.3∶37.2。全县经济结构进一步夯实，第二产业占据主导地位。

四、加快转变经济发展方式，落实新发展理念

全县紧紧围绕经济和社会发展目标，强化经济发展责任，加强经济运行调度，狠抓各项措施落实，较好实现了国民经济和社会发展计划目标，为同步小康建设打下坚实基础。

2013年，天柱县不断优化经济结构，将一、二、三产比重由21.5∶41.3∶37.2调整为19.9∶39.7∶40.4，三次产业对经济增长的贡献率依次为8.3%、48.9%和42.8%。一是农业结构调整力度加大。粮食播种面积33.4万亩，总产量13.3万吨；肉类总产2.5万吨，水产品产量0.45万吨。种植烤烟1.51万亩，收购烟叶1.5万担；杂稻制种2.05万亩，实现产值0.28亿元；水稻高产创建等农技推广项目有效实施，水稻最高亩产达871.3公斤；完成《天柱县油茶产业示范园区建设规划》，建成油茶基地0.5万余亩。生态畜牧、水产业积极推进，完成标准化种羊扩繁场建设和黑番鸭繁殖保种项目建设，完成白市电站库区大水面水产养殖规划。新建农民专业合作社17个，农业规模企业5家。二是工业经济发展步伐

加快。把天柱工业园区调整为“一园两区”，即天柱工业园、钡盐产业区和轻工产业区。着力实施规模以上企业培育工程，新增2000万元以上规模企业3个，500万元转2000万元规模以上企业8个。全县工业投资完成16.51亿元，完成州目标16亿元的103%。招商引资项目39个，到位资金48.15亿元，完成州目标40亿元的120.4%；开工项目35个，开工率89.7%；投产项目25个，投产率64.15%。三是服务产业快速发展。第三产业生产总值完成19.86亿元，同比增长19.4%。

2015年，是“十二五”规划收官之年，也是天柱经济发展备受考验的一年。面对宏观经济持续低迷与区域产业结构艰难调整的巨大压力，全县上下紧紧围绕“稳中求进、转型提升”工作总基调，主动适应经济发展新常态，有效应对各种困难挑战，全年经济发展持续向好，综合经济实力进一步增强，转型发展凸显生机，民生持续得到改善，各项社会事业全面进步，经济社会发展实现了年初确定的预期目标，较好地完成了“十二五”规划主要目标任务，为“十三五”经济社会发展、全面建成小康社会奠定了坚实基础。全年实现农业总产值22.29亿元，按可比价计算增长6.7%。全年实现农林牧渔业增加14.44亿元，同比增长6.5%。

“十二五”期间，全县地区生产总值年均增长16.4%，其中第一、第二、第三产业年均分别增长6.3%、19.8%和18.1%。三次产业结构由2010年的25∶37.3∶37.7调整为2015年的21.3∶36.5∶42.2。

2017年是实施“十三五”规划的重要一年，是供给侧结构性改革的深化之年，全县经济发展稳中有进，质量提升，综合经济实力进一步增强，民生持续得到改善，各项社会事业得到进步，经济社会发展取得了新成效。全年实现农业总产值27.78亿元，按可比价计算增长4.7%。全年实现农林牧渔业增加值18.19亿元，增长6.4%。全年工业增加值17.2亿元，比上年增长1.7%。

五、突出质量发展，县域经济提质升级

2018年，天柱县全面落实中央各项决策部署，坚持以脱贫攻坚统揽经济社会发展局面，坚持守好发展和生态路线，坚决打赢脱贫攻坚战，全年经济发展保持总体平稳，质量提升，综合经济实力稳中有进，经济社会发展取得了新成效。

（一）经济平衡健康发展

深入践行新发展理念，扎实推进供给侧结构性改革，经济发展态势持续向好。全县地区生产总值完成 86 亿元，同比增长 6.5%；贫困人口减少 24520 人，50 个贫困村出列，贫困发生率下降到 7.7%；一般公共预算收入完成 3.52 亿元，同比下降 36%；规模以上工业增加值完成 2 亿元，同比增长 3%；500 万元以上固定资产投资完成 30 亿元，同比增长 6%；社会消费品零售总额完成 24 亿元，同比增长 12%；城镇、农村居民人均可支配收入分别达到 29574 元、9456 元，同比分别增长 9.2% 和 10.2%，常住人口城镇化率达 45.8%。

（二）现代农业提质增效

紧扣农业产业革命主题，深入推进农业供给侧结构性改革。粮食总产 10.30 万吨，调减玉米种植 3.51 万亩。大力发展“一县一业”土鸡产业，新增规模化养鸡场 32 个，土鸡出栏 314 万羽。完成油茶林低改 5 万亩、新造油茶林 1.14 万亩，天柱茶油通过国家地理标志保护产品评审。完成中药材种植 1.76 万亩，精品水果种植 4.93 万亩，被中国林学会授予国家林下经济脱贫攻坚试验区。发展食用菌种植 1490 万棒。大力发展坝区经济，建成渡马龙盘蔬菜基地。推广种植辣椒、魔芋等 2 万余亩。有机产品认证 1.50 万亩，入选贵州省有机产品认证示范创建区。

（三）工业经济优化升级

深入开展工业“百千万”“双千”工程和“双服务”行动，实施“千企改造”项目 10 个，完成投资 5.80 亿元，贵州宏泰钡业建成试产，中大矿业、晶盛实业等完成技改并投产，新增新城建材、祥和商砼等 5 家规模以上企业。加强重晶石资源开发管控，促进重晶石产业规范健康发展。产业大招商成效显著，精准对接招商引资活动 196 批次，签订产业项目合作协议 27 个，成功引进华鼎服饰、浙江润农、昆明郑继兰花卉等企业落户。

（四）现代服务业快速成长

新增苗侗国际大酒店、湘西部落等 5 家商贸企业入市。电子商务快速发展，建成农商联动项目，新增农村电商服务站点 30 个，网络零售额突破 600 万元，成功申报国家级电子商务进农村综合示范县。旅游产业加快发展，三门塘成功创建 3A 级景区，甘溪、南康被评为乙级旅游村寨，新增一批星级旅游客栈、农家乐，全年接待旅游总人数和旅游总收入同比分别增长37.6%和40.9%。

第四节 扶贫开发与脱贫攻坚：全面建成小康社会

天柱县改革开放十多年来，各方面有了较大发展。但由于生产条件制约，自然灾害频繁，农业经济发展缓慢。加上人口自然增长速度较快，人均粮食、经济收入仍然不高。1993年，县委、县人民政府为使农村人口早日脱贫致富，决定在全县实行“定点帮乡（镇）”制度。由县直机关两个单位帮扶一个乡（镇），一定三年不变。经过一年的努力，粮食总产虽然比大旱的1992年增长13.8%，但农村人均占有粮食（包括杂粮在内）只达到233.3公斤，农民人均纯收入只有384元。1994年3月，国务院扶贫开发领导小组认定天柱县为贫困县。

一、制定扶贫攻坚计划

1994年3月20日，天柱县委、县人民政府召开全县经济工作会议，要求全县广大干部、群众认清形势，解放思想，抓住机遇，拓宽思路，努力加快脱贫致富奔小康步伐。4月7日，天柱县委常委扩大会议分析全县农业、农村工作形势，讨论春耕生产和农村扶贫工作。为了扎实开展扶贫，决定对全县贫困人口进行一次深入的调查，全面掌握贫困人口分布状况、贫困程度，以便抓住重点，突破难点，落实国家“八七”扶贫攻坚计划。

会后，天柱县委、县人民政府抽调20名干部和技术人员组成调查组，深入16乡（镇）315个村开展贫困人口基本情况调查。两个月的实地调查表明：全县农村贫困人口分布面大，扶贫开发任务十分艰巨。按当年国家规定“人均纯收入不足400元、粮食不足250公斤”的贫困线标准，全县贫困人口达237440人，占农业总人口的63.9%。其中，极贫人口99127人，占农业人口的26.7%。主要分布在白市、江东、远口、竹林、坌处、高酿、石洞、瓮洞、蓝田、注溪、坪地、社学、渡马等乡（镇）的深山区、石山区、水库库区和高原区。

这个材料报经州人民政府审核后，确定全县贫困人口为13.26万人，占农业人口的 40.6%。其中，年人均纯收入不足 200 元的极贫人口有 6.22 万人，占农业人口的 18.1%。有 134 个村定为贫困村。据此，县委、县人民政府制定了《天柱县 1994—2000 扶贫攻坚计划（试行）》，拟定到 20 世纪末，基本解决全县贫困人口的绝对贫困问题。具体目标是：

一是从 1994—1996 年，使 70% 的贫困人口人均粮食达到 250 公斤，人均经济纯收入达到 400 元，基本越过温饱线。从 1997—2000 年，极贫人口人均纯收入达到 400 元以上，人均粮食 250 公斤；非极贫人口人均纯收入上升到 500 元以上，人均粮食 250 公斤以上。

二是贫困户人均有半亩以上稳产高产耕地；每户因地制宜建成 3 亩以上经济林，或 5 亩以上用材林，或两亩以上经济作物；每户每年有 1 头以上商品牛，或 5 头以上商品猪，或 10 头以上商品羊；户均向非农业转移 1 个劳动力；户均住宅面积达到 70—80 平方米。

三是加强基础设施建设。基本解决人畜饮水困难；绝大多数贫困乡（镇）有集贸市场；有商品生产基地的地方通公路；抓好以改良中低产田、坡改梯、水利配套工程为主的农田基本建设，努力改善农业生产条件，提高农业机械化程度；乡乡通电、有电话和电视差转台，贫困村寨 90% 以上用上电，农机户增加 1 倍。

四是极贫人口 6.22 万人脱贫安排：1994、1995 年分别脱贫 10%，1996、1997、1998 年分别脱贫 20%，1999、2000 年分别脱贫 10%，解决温饱。非极贫人口 7.64 万人脱贫安排：1994 年脱贫 19%，1995 年脱贫 37%，1996 年脱贫 38%。从而基本解决贫困人口的温饱问题。

扶贫的基本方针是：在国家扶持下，坚持开发式扶贫，依靠科技进步发展生产力，以市场需求为导向，开发利用当地自然资源优势，大力发展商品生产，实现脱贫致富奔小康。

二、实施扶贫开发战略

1994 年 8 月 24 日，县委、县人民政府批转组织部、人事局《关于选派干部到贫困村挂职扶贫的意见》，决定从县、乡机关选派 220 名干部到 220 个村挂职，挂任行政村党政正职或副职两年，其中，有 131 个村是挂职的重点。拟通过连续扶贫，在 7 年内基本解决全县 14 万贫困人口的绝对贫困问题。

（一）选派干部到贫困村挂职扶贫

9月2日，县委、县人民政府召开全县扶贫开发工作会议，副县长王先游传达全州扶贫开发工作会议精神，申群炳对全县扶贫开发工作做出具体部署安排，杨光福对下村挂职干部提出具体要求。从此，全县扶贫攻坚工作全面开展。

为了保证扶贫工作取得实质成效，天柱县委、县人民政府成立了扶贫开发领导小组，县人民政府成立扶贫开发局，为常设机构。各乡（镇）也成立扶贫开发领导小组，同时设立扶贫开发办，与经科办一套人马，两块牌子，扶贫局办具体承办扶贫开发业务。下村挂职扶贫干部实行“四定”“三帮”“一包”责任制，坚持不脱贫不脱钩，脱钩不脱线。“四定”即定对象、定任务、定时间、定成效；“三帮”即帮助制定规划、帮助落实扶贫优惠政策、帮助解决实际问题；“一包”即包解决贫困人口的温饱。

扶贫干部下村后，县委组织部跟踪管理，加强领导。11月13日，县委办转发组织部《关于加强对下村挂职干部管理的意见》。针对少数单位随意抽回下乡村挂职干部的问题，明确指出：选派干部下村挂职是实施扶贫攻坚计划的需要，是锻炼、培养、考察、选拔干部，促进干部成长的有效途径。各选派单位要支持下村挂职干部的工作，加强对挂职干部的教育，保持相对的稳定，不准随意更换。下村挂职干部要思想稳定，严格遵守工作纪律，努力做到“不脱贫不脱钩”。

1995年3月20日，天柱县委常委会议研究解决农业经济发展缓慢问题，决定通过层层实行领导承包责任制来解决。实行县四大班子包片区，乡（镇）领导包乡镇，驻村干部包村，加强对扶贫工作的领导。主要任务是：抓好农村综合开发，做到支农资金早到位，加快中、低产田及果园的改造，稳定粮食、经济作物种植面积；稳定农牧科技干部队伍，加强农村实用技术培训，开展科技兴农、科技致富，加快发展畜牧业，建立果树开发中心，发展果品生产。当年，全县农林牧渔业总产值达到47538万元，比上年增长3.03%。其中粮食总产量达到108052吨，比上年增长18.17%；油菜子达到3347吨，增长9.34%；水果1871吨，增长108.8%；人工造林面积4701公顷，肉猪出栏18.07万头，增长8.9%；肉羊出栏0.31万头，增长63.15%，年末存栏0.81万头，增长52.8%；水产品产量236吨，增长4.9%。全县农民人均粮食312公斤，增长18.2%；人均纯收入710元，增长25.4%。

然而，烤烟生产出现严重下降的局面，全县烤烟收成仅有152吨，比1993年减少89.5%。为了大力发展烤烟生产，使农民增收、县财政增收，县委、县人民政府于11月29日发出了《关于1996年烤烟生产安排意见》，提出1996年种植烤烟100公顷，收购烟叶1000吨，要求上、中等烟叶达80%以上。为了完成这一任务，成立了由申群炳为组长、莫章海为副组长的烤烟生产领导小组。采取政策扶持、抓样板示范、层层签订责任状、派科技人员下乡指导、严格烤烟专卖管理等一系列措施，做到早部署、早安排。1996年1月17日，县委召开常委会议，根据州政府的工作部署，对烤烟生产提出确保1000公顷、力争1333.3公顷的安排。考核目标为1000公顷，超收归乡（镇）。要求春节前组织农户突击抓好烤烟育苗工作，保证任务的完成。2—3月，县委、县政府分别召开全县经济工作会议和全县农业工作会议，贯彻全州工作会议精神。

两次会议对全县经济和农业发展提出了指标，要求各乡（镇）、县直各部门认真落实，并签订了责任状。9月23日，县委、县政府召开全县经济工作会议，安排第四季度的经济工作。会议强调农村要抓好秋耕秋种，大力发展夏季粮食和经济作物。9月26日，县四大班子联席会议听取政府对秋种工作的安排。会议决定1997年烤烟种植任务1333.3公顷，力争1666.6公顷；油菜3333.3公顷；小麦3333.3公顷，由四大班子领导带工作队深入乡（镇）发动农户落实。

从1994—1996年的3年中，国家投入扶贫贷款4327万元，主要用于农田基本建设、推广杂交水稻、杂交玉米、杂交油菜，发展烤烟、脐橙、药材和畜牧业、水产业、养殖业。扶贫开发项目86个，农田基本建设工程点（处）183个。完成坡改梯515公顷，改良中低产田57公顷，恢复水打沙压农田316.6公顷，土变田69公顷，全县耕地有效灌溉面积达10790公顷。农业基础在一定程度上得到了加强，农村商品经济得到了加快发展。

1996年，在面临严重灾害情况下，干部群众同心协力，艰苦奋斗，农业生产全面发展。全县粮食总产量达到109483吨，比上年增长1.32%；烤烟达到641吨，比上年增长3倍多；肉羊出栏0.45万头，增长45.2%，年末存栏1.85万头，增长1.2倍；乡镇企业实现产值12516万元，比上年增长3.1%。全县农民人均粮食314.9公斤，人均纯收入1048元。

1997年3月7日，县委召开四大班子联席会议，讨论修改《中共天柱县委、天柱县人民政府关于1997年度扶贫开发工作的意见》。会议确定石洞、竹林、江东、坪地4个乡镇为极贫乡镇，63个村为极贫村。为做好扶贫攻坚工作，决定实行副县级以上领导干部联系极贫乡（镇）、村制度，以推动全县扶贫开发工作。3月11—12日，召开村支部书记、村主任以上参加的全县扶贫开发工作会议，传达中央、省、州扶贫工作会议精神，总结交流扶贫工作经验，提出1997年扶贫攻坚任务。发出《中共天柱县委、天柱县人民政府关于1997年解决农村贫困人口温饱问题的实施意见》，提出在全县9.54万贫困人口中，至少要解决6万人脱贫。

会后，县委选派干部进驻极贫乡（镇），对16个后进村的村级组织进行整顿，对47个极贫村进行帮扶，对126个村解决以村支部为核心的村级组织“有人办事”“有钱办事”的问题。经过一年的努力，农村经济工作出现了新的起色，农民生活也上了一个新台阶。

1997年，全县农业总产值达到49310万元，比上年增长5.03%，比1992年增长14.56%。粮食总产量达到119176吨，比上年增长8.85%，比1992年增长68.88%。其中水稻产量达到93231吨，与1992、1996年比，同比增长12.92%、67.03%。油菜子产量3715吨，比上年增长10.86%；烤烟达到2006吨，比上年增长2.6倍。乡镇企业总产值达到29655万元，比上年增长47.8%，比1992年增长3.64倍。农民人均粮食340.5公斤，比上年增长4.8%，比1992年增长65.3%。人均纯收入1128元，比上年和1992年同比增长7.63%和200%。

（二）加强“三农”继续扶贫

继续开展扶贫，促使农民早日脱贫进入小康，是天柱县委常抓不懈的一项重点工程。1999年5月19日，县委发出《关于实行县直机关单位驻村帮扶工作的通知》，通知指出，为了切实搞好农村基层组织建设，搞好农业和农村工作，促进农业和农村经济全面发展与农民脱贫致富，不断扩大村级集体经济，继续安排县直机关、事业和省州驻县共72个单位，定点帮扶全县16乡镇的72个贫困村。

驻村帮扶的主要任务是：协助村委抓好农业生产和山区综合开发，做好群众工作，解决实际问题，确保农村社会稳定；帮助村里制定发展规划，找好经济发展路子，落实一至两个经济发展项目；理顺集体财产，采取多种形式发展集体经济；加强村级组织建设，发展党员、培养村级后备干部；推行村务公开，加强村级民主建设，发挥村级组织作用；开展农村科技宣传，提供市场信息，建立和加强农村社会化服务体系，帮助农民增加收入。驻村干部驻村两年，实行不脱贫不脱钩、不发展集体经济不脱钩、不建立示范基地不脱钩的“三不脱钩”规定。

12 月 3 日，天柱县委、县人民政府为加大农村组织建设和扶贫攻坚力度，全面推进农业产业化进程，决定从县、乡（镇）机关、事业单位抽调 315 名干部到每个村挂职扶贫，时间从 1999 年 12 月到 2002 年 12 月。明确规定下村挂职干部原来的职务、身份、工资不变，福利、晋级与本单位人员同等。

2001 年 7 月 23 日，县委常委会议在传达省委八届七次全委扩大会议精神时提出，各有关部门要认真搞好“八七”扶贫总体调研，加快制定出切实可行的扶贫规划。在抓好扶贫攻坚基础工作的同时，积极向上级争取扶贫项目，加快全县脱贫进程。11 月 30 日，县委、县人民政府成立了天柱县 2001 至 2010 年扶贫规划工作领导小组。2002 年 4 月 24 日，县委发出《关于县级党员领导干部联系党建扶贫点的通知》，明确县四大班子党员干部联系 72 个村的党建联系点。7 月 30 日，在县机关单位驻村帮扶 72 村的工作结束后，县委又决定安排 97 个机关单位驻村帮扶 97 个村。这次驻村帮扶，明确科级领导干部带队，驻村三年，仍然实行“三不脱钩”，工作任务不变。

通过扶贫，农业、农民、农村的基础建设得到进一步加强，主要体现在农村科技教育、文化宣传和人畜饮水等基础设施建设方面。县第八次党代会后，县委把加强农村基础设施建设纳入每年须办实事的项目之中。

一是在 16 乡镇和 90% 以上的行政村建立了农民文化技术学校，实施农业技术培训。通过技术培训，不仅促进了农业经济的发展，而且加快了农村富余劳动力的转移。

二是在全县实施人畜饮水工程 81 处，可解决 3.8 万人畜饮水困难，使部分农村安装了自来水，改善了农户的生活条件。2002 年还为凤城镇石坪村、邦洞镇永安村严重缺水的村民完成易地扶贫搬迁 140 户。其中，凤城镇完成安置 88 户，邦洞镇完成安置 52 户。

三是在全县实施“村村通电”工程，到 2001 年实现了村村通电，农户“一户一表”达到 95%。同时为农村投资兴建卫星地面接收站（点），使广大农户能收视中央及一些省市电视节目。到 2002 年底，全县 16 乡镇 325 个村 4228 个村民组，建有卫星地面接收站5011个，电视人口覆盖率达89.5%。安装自来水46个村，修通公路189个村，接通电话176个村，通邮件172个村。使用沼气农户3021户，占总农户的3.5%。

从1998年到2002年的5年中，省、州委派出30多名干部到天柱县挂职扶贫。先后挂任县委副书记、县委常委或县政府副县长职务的有匡永志、王建顺、杨世柱、盘寿莹、袁仕勤、罗贤光、李锦宏、郭仕才、邓守成。其他扶贫干部挂任乡镇党委副书记、政府副乡（镇）长或乡（镇）长助理。他们为天柱农民的脱贫致富作出了应有的贡献。

（三）抓好扶贫开发工作

党的十六大指出：“当人类社会跨入21世纪的时候，我国进入全面建设小康社会、加快推进社会主义现代化的新的发展阶段。”① 在新的发展阶段，县委领导全县人民贯彻落实党的十六大方针，乘中央西部大开发战略之东风和新阶段扶贫开发政策，抢抓机遇，与时俱进，全面建设小康社会。

解决农业、农村、农民“三农”问题，不断提高农民生活水平，是关系到全县建设小康社会的大事。根据新阶段的扶贫开发政策，县委、县政府突出抓好以下几方面工作。

一是继续做好机关单位帮乡驻村开展扶贫帮困工作。2002年7月，县委安排县直机关和省州驻县97个单位帮扶97个贫困村，驻村三年，继续实行“不脱贫不脱钩”制度。到2005年10月，县委又制定了2005年至2007年度县直机关单位帮村的工作意见，安排了县直机关行政企事业和省州驻县122个单位定点帮扶122个村，继续抓好扶贫开发，增强贫困户脱贫致富的能力。

二是贯彻中央“多予、少取、放活”的方针，积极引导农民大力发展农村二、三产业，改善农民进城就业环境，进一步搞好农产品流通，加强农村基本设施建设，多渠道实现增收。2005年3月8日，县政府宣布农业税征税550万元、农业税地方附加110万元全部免征。同时按2004年农户应交农业税数量，以每公斤稻谷0.1元进行种粮补贴，发放粮食直补资金63.49万元、良种补贴75.55万元。从此，农民不但免征农业税，反而得到国家补贴。这是人类有史以来的破天荒大好事，深得民心。

① 本书编写组：《中国共产党第十六次全国代表大会文件汇编》，1—2页，北京，人民出版社，2002。

三是实行县级领导干部联系扶贫开发重点乡（镇）、村制度。2005 年 10 月 19 日，县委发出《关于实行县级领导干部联系扶贫开发工作重点乡镇和一个村的通知》，决定县委常委、正副县长、县人大正副主任、政协正副主席以及公安局、法院、检察院、人民武装部“四长”共 36 个县级、副县级干部，联系 36 个贫困村，亲身考察和实地指导新阶段扶贫开发工作，促进当地经济持续健康发展。

四是实行副科级以上领导干部与贫困户“结对子”制度。2004 年 9 月 29 日，县委发出《关于在全县开展副科以上领导干部与农村贫困户“结对子”的通知》。要求每个干部要与两个贫困户“结对子、攀穷亲”，发扬党的优良传统，切实帮助基础条件差、生活环境恶劣、尚未脱贫的农户想办法、找路子，解决生产生活困难。这项活动，县委把它当作管理、考察干部的一项重要制度来抓。

五是启动全县社会主义新农村建设。2006 年 4 月 27—28 日，县委主持召开村以上党政领导干部会议，贯彻落实党的十六届五中全会和省委、州委农村干部工作会议精神，部署安排全县社会主义新农村建设。从 2007 年开始实施农村新型合作医疗制度、开发乡土人才、加强村级场所建设、建设社会主义新农村试点。县委、县人民政府先后成立了天柱县农村新型合作医疗试点工作领导小组、天柱县乡土人才开发领导小组、农村基层组织活动场所建设领导小组和天柱县社会主义新农村建设领导小组，分别设立办公室开展工作，解决农民的根本利益问题。

从 2006 年 10 月以来，省、州下达天柱县扶贫项目 749 个，扶贫资金 5150.67 万元。通过县直机关、企事业和省州驻县单位与贫困村结对帮扶，新农村建设取得一定成就。完成建设村级活动室 108 个、农家书屋 60 个、农民体育活动场所 14 个；硬化村寨人行道 113.37 公里，建成通村组公路 45 条计 215.6 公里；建成蓄水池 156 口，解决了 7 万多人的饮水安全；建沼气池 4400 口，节约能源在部分农户已经实现；在全县 20 户以上村寨兴建第一期广播电视通工程，完成了 64 座 1423 套卫星电视接收任务；完成新建 12 个乡镇卫生院门诊楼、43 个村综合楼（内设村卫生室），农民参加农村新型合作医疗比例达到 92.4%；完成列入国家西部改造的 13 所初级中学和 18 所薄弱中、小学的改造任务，兴办了一所特殊学校，解决了特殊儿童的就读；对特困地区实施易地扶贫搬迁，完成搬迁 250 户 1000 人，完成农村房改 200 户。

从2003—2006年的四年中，天柱县扶贫开发成绩显著，新农村建设起步良好。据统计，国家投入扶贫开发资金总额达19935万元。其中，中央扶贫贴息贷款11945万元，中央财政扶贫资金3804万元，以工代赈3896.94万元，中央专项退耕还林还草130万元，省级财政扶贫资金78.8万元，其他资金80.1万元。这些资金投向种植业1386.1万元，林业130万元，养殖业1483.7万元，农田基本建设871.4万元，人畜饮水工程2192.17万元，道路建设3345.5万元，电视接收设施251.32万元，学校设施建设1822.8万元，农村卫生室设施建设47万元，技术培训推广221.35万元，资助儿童入学、扫盲289.6万元，其他生产行业5467.96万元，用于其他2427.8万元。

农户直接得到扶贫贷款9064户1112万元。实施扶贫项目村421个（次），项目覆盖农户69419户（次），项目扶持人口188599人（次），项目吸收劳动力30292人（次）；新增基本农田面积583.9公顷，新增、改建、扩建公路里程548.5公里，新增经济林面积100公顷，新增教育、卫生用房面积36948平方米；解决饮水困难人数50710人，解决大牲畜饮用水45760头；退耕还林面积666.6公顷；组织科技培训33703人（次）；向其他地区输出劳动力8364人；实施易地扶贫搬迁531户2454人。贫困人口脱贫10900人。

这段时间，省、州先后派出6批干部到县开展扶贫，队长挂职县委副书记的有胡吉宏、杨贵平、陈庆富、腾红、宋和平、马雷、杨理，他们为天柱人民建设小康社会作出了应有的贡献。

2006年12月19日，县委成立了天柱县社会主义新农村建设工作领导小组，由文松波任组长，杨培璋、黄瑜、龙开泉任副组长。2007年4月26日，发出《中共天柱县委天柱县人民政府关于积极发展现代化农业，扎实推进社会主义新农村建设的实施意见》，对深入开展社会主义新农村建设作了部署。建立了县四大班子联系社会主义新农村建设制度。确定了凤城镇的雷寨村，坌处镇的三门塘村，社学乡的桥联、杜学、芹香村，高酿镇的章寨村，邦洞镇的赖洞、摆头村，地湖乡的永光村，远口镇的老黄田村，作为县级建设社会主义新农村试点。通过以点带面，推进全县社会主义新农村建设。6月20日，县委办、政府办联合发出《天柱县2007年农村沼气建设实施意见》，为推进农村沼气建设，成立了县沼气建设工作领导小组，由文松波任组长，杨培璋、龙云茂、龚循政、吴贵英任副组长。2009 年 3 月 26 日，县委抽调 38 名县直机关干部，组成 16 个党建扶贫工作队到 16 个乡（镇）开展一年扶贫工作。队长挂任乡（镇）党委副书记，队员挂任乡（镇）长助理。在乡（镇）党委领导下，以农业增效、农民增收、农村稳定为目标，主要抓好以党支部为核心的基层组织建设，落实扶贫开发政策。协调相关部门整合资源，抓好新阶段扶贫开发，发展农村社会主义各项事业，解决群众最关心最实际的问题。要求做好群众工作，注意工作方法，务求取得实效。

三、打赢脱贫攻坚战

经过近 20 年的扶贫开发，到 2014 年，天柱县还有贫困乡镇 8 个，其中一类二类 5 个，三类 2 个；贫困村 170 个，一类村 96 个，二类村 41 个，三类村 33 个；建档立卡贫困户 39166 户 126635 人，国标 35881 户 113471 人，省标 3285 户 13164 人。根据这一实情，天柱县委、县人民政府开始展开“减贫摘帽”和“精准扶贫”工作。

（一）“减贫摘帽”工作

1. 贫困乡镇减贫摘帽

2014 年初，全县将基础较好的蓝田、社学、江东三个乡镇向省、州申报为 2014 年拟“减贫摘帽”乡镇。6 月底，省扶贫开发领导小组根据“积极稳妥、量力而行、有序推进”的原则批复社学乡为全县 2014 年应“减贫摘帽”乡镇。社学乡及时成立了以乡党委书记为组长的“减贫摘帽”工作领导小组，制订了实施方案，强化工作责任落实。以精准扶贫“六个到村到户”为抓手，以干部结对帮扶为契机，通过整合资金实施项目、强化基础环境建设、改善人居环境、抓好就业培训、加大产业投入等有效手段，努力增加贫困人口经济收入，切实加快减贫摘帽工作步伐。截至 12 月初，社学乡减少贫困人口 1314 人，乡镇贫困发生率下降 6.32%，农民人均纯收入达 5940 元。12 月 15 日，顺利通过州委、州政府工作组的考核验收。同时，天柱县还通过了 2013 年已“减贫脱帽”乡镇白市镇、高酿镇的复查验收工作。

2. 减少农村贫困人口

2014 年，全县加大各类扶贫资金的投入力度，大力实施农业农村基础设施和农业产业化建设。投入财政扶贫资金1670万元，实施基础设施建设项目74个，房屋立面改造266户，修建硬化串户路4条22公里，通组道路8条11.346公里，垃圾池77个，新建村级活动室4个，安装太阳能路灯486盏。“一事一议”投入财政资金2177万元，建设通组公路35条117.57公里。危房改造投入资金1810万元，改造危房2100户。交通基础设施建设投入资金3681万元，修建通村公路60.09公里；投入资金688.5万元，建人行桥19座。通过各类项目的实施和扶贫干部结对帮扶，2014年全县共减少贫困人口7726户31233人，占州下达任务2.88万人的108.44%，贫困发生率平均下降8.55%。

（二）精准扶贫工作

1. 信息平台建设

根据《贵州省扶贫开发建档立卡实施方案》（黔扶领办通〔2014〕4号）文件要求，全县通过成立精准扶贫建档立卡工作领导小组，制定《天柱县精准扶贫贫困对象识别及建档立卡工作方案》，组织全县扶贫战线干部和乡镇、村、组的力量，按照“贫困农户申请、村民代表会议民主评议、乡镇人民政府审核”和“两公示一公告”的程序，完成贫困户识别39166户126635人，其中国标35881户113471人，省标3285户13164人。按照贫困村申请、乡镇党政班子会议研究和“一公示一公告”程序，完成贫困村识别170个，其中一类村96个，二类村41个，三类村33个。各乡镇积极组织人员对基础数据进行精准录入、查缺补漏，完成了全县精准扶贫信息平台建设。

2. 精准扶贫干部结对帮扶

根据《关于做好精准扶贫结对帮扶工作的通知》（天党办通〔2014〕79号）文件要求，全县行政机关和事业单位的所有国家工作人员都参与到了“一对一”帮扶到户的“个案管理”工作中来，承担扶贫帮扶任务。按照“5321”的标准，各帮扶单位派遣驻村干部进村入户开展调查，了解致贫原因，因户施策分类制定帮扶措施，制订详细的帮扶规划。全县102个单位2953名干部落实2014—2018年结对帮扶贫困户19285户，制订帮扶计划102份，落实帮扶资金360余万元。

3. 同步小康驻村工作与精准扶贫联结机制

全县以贫困村为重点组建了170个驻村工作组，每个驻村工作组由1名机关干部、2名乡镇干部、1名大学毕业生和1名农村知识青年构成，全县170个贫困村实现了与机关单位结对子。全县各级领导干部共进村开展调研600多次，为村级发展出点子400多个，协调项目70多个，有力地推动了帮扶工作的开展。同时，各驻村工作组在调研走访的基础上，制定切合村情实际的年度帮扶计划，帮扶计划分为驻村工作组计划和驻村干部帮扶计划，共计540份，明确了今年的帮扶目标、项目支撑和工作措施，为今后帮扶工作指明了方向。

天柱县“减贫摘帽”第二阶段示范点创建有社学乡、高酿镇，于2015年8月24日通过州级验收。全县共遍访贫困户24519户，遍访贫困村100个；2015年省州下达天柱县财政扶贫项目14个，财政扶贫资金4096.5万元。其中，中央发展资金项目12个，中央发展资金4069.5万元；省级财政扶贫资金项目2个，省级财政扶贫资金27万元。完成2014年度帮扶项目远口镇新市村的新农村建设，包括太阳能路灯20盏、垃圾池10个、老年活动场所1个、新址至渡口道路硬化500米，投入帮扶资金90万元；实施2015年度帮扶项目渡马乡桥坪村苗田片通组道路硬化长1600米、岩门村村组道路硬化1060米、共和村村组道路硬化1200米，投入帮扶资金110万元；实施华侨城帮扶项目江东乡卫生院综合楼，帮扶资金120万元；实施华侨城资助贫困学生220名项目，资助金额25万元。

（三）脱贫攻坚

2016年，天柱县委以脱贫攻坚工作统揽经济社会发展全局，全面小康社会建设进程快速推进。一是提升建档立卡质量。组织开展建档立卡“回头看”、数据清洗与修正，进行动态调整，全年剔除不准确对象4729户15174人，纳入符合条件的对象2745户9818人。开展专题调研，摸清贫困底子，理清脱贫思路。二是推进“挂图作战”和档案管理。三是抓好贫困退出。建立了贫困退出机制，明确了退出标准、退出程序、政策措施。对预脱贫的贫困人口和贫困村进行了实地验收核查。全年完成1.6万贫困人口脱贫，2个贫困乡镇按省标“减贫摘帽”，6个贫困村按国标出列，贫困发生率由19.31%下降到16.2%。全面小康实现程度预计达到93%，比上年提高4%。四是发展特色产业脱贫。投入产业扶贫资金4100余万元，强力推进烤烟、油茶等优势产业和4个省级农业园区建设；建立产业扶贫合作组织305个，覆盖全部贫困村，带动9900名贫困人口实现产业脱贫。五是推进易地扶贫搬迁。搬迁安置530户2259人，完成第一批安置入住290户1238人。六是加强教育脱贫。精准资助4050人建档立卡贫困家庭在校生，分步实现农村义务教育营养餐贫困县全覆盖，建档立卡贫困高中生全部享受到免学杂费政策，发放资助资金 2881 万元，实现 1230 人脱贫。七是开展劳务协作脱贫。开展技术培训 6465 人，转移就业 796 户 3702 人脱贫。315 个行政村建立合作社，在 50 个贫困村设立电商网点。八是实施兜底保障脱贫。将农村低保指导标准从原来的 165 元 / 月提高到 220 元 / 月，107 名贫困人口享受“三重医疗救助”，13840 户 38970 名贫困人口纳入农村最低生活保障。

2017 年，完成 11751 贫困人口脱贫，石洞镇、瓮洞镇按省标“减贫摘帽”，27 个贫困村按国标出列，贫困发生率下降到 14.2%。投入财政专项扶贫资金 1.18 亿元、获批产业扶贫子基金 5.31 亿元，实施产业扶贫项目 276 个，覆盖贫困人口 2.09 万人。全面完成 474 户 2259 人搬迁安置任务。围绕搬得出、稳得住、能发展，统筹解决好易地扶贫搬迁对象就业、就学、就医等问题，实现搬迁户劳动力就业创业 867 人。开工建设 2017 年度安置房 1999 套。整合涉农资金 4.93 亿元投入基础设施建设。开工建设“组组通”公路 389 公里，完成 27 个出列村 115 公里串户路硬化，安装太阳能路灯 5103 盏。启动实施新一轮农村饮水安全巩固提升工程，覆盖农村 2.04 万人。完成农村危房改造 4960 户，同步实施改厨、改厕、改圈工程。建档立卡贫困学生“两助三免（补）”实现全覆盖，累计资助 21.11 万人次、发放资金 1.01 亿元。认真落实“四重医疗保障”政策，累计补偿 107.29 万人次，补偿金额 2.35 亿元。深化定点帮扶、对口帮扶和社会帮扶，建立县直机关和帮扶村联合党支部 91 个，派出同步小康驻村工作队 87 个，增配村主任助理 302 名，“三位一体”大扶贫格局初步形成。

2018 年，天柱扶贫工作认真贯彻落实党的十九大、习近平总书记的系列重要讲话精神和省委十二届全会精神，严格按照省委、省政府和州委、州政府的决策部署，认真开展了 2018 年脱贫攻坚春风行动、专项治理、夏秋攻势、冬季充电等行动，举全县之力，集全县之智，强力推进脱贫攻坚各项工作。

一是产业扶贫攻贫困，勤劳致富奔小康。要脱贫致富，关键是靠产业支撑，没有产业支撑脱贫完全是一句空话。天柱县 2018 年第一批上报的产业化扶贫项目有 228 个。主要围绕六大主导产业，即土鸡土鸭养殖、油茶、食用菌、中药材、蔬菜、精品水果。由农业、财政、扶贫等部门专家组成工作小组对项目进行技术指导，提高项目成功率，实现了 2018 年 20600 人计划脱贫人口的全覆盖。

二是职业培训得技术，创业就业助脱贫。天柱县围绕种养殖技术、电工、焊工等10多个特色产业和职业技术，结合农村发展和农民知识结构实际，采取专家授课、现场培训等方式，开展技能培训21期，培训全员劳动力1155人。2月25日邀请杭州市余杭区、贵阳市乌当区以及县内外等信誉度高、工资待遇好、适合贫困劳动力就业岗位的企业到现场进行招聘，解决了建档立卡贫困户2250余人劳动力的培训和就业问题，使其通过外出务工脱贫。

三是政策宣传入农户，主动脱贫反响好。抓政策宣传，破“认识不高”问题。针对部分贫困户对扶贫政策掌握不清、情况不明，不愿脱贫等问题，利用“春风行动”开展大走访活动，全县6600多名干部每月深入贫困户家中进行走访宣传，坚持在把政策讲清、讲明、讲透上下工夫。通过“院坝会”“摆龙门阵”，宣传脱贫先进典型等方式，用“群众听得懂的话”对政策进行深入解读，引导群众树立“宁愿苦干、决不苦熬”的奋斗意识，激发贫困户主动申请“摘帽”。

四是出台法治扶贫方案，打击不正之风。由县政法委、县司法局、县法院、县检察院、县扶贫办等部门组成法治扶贫工作领导小组，深入开展法治扶贫工作，对隐瞒收入争当贫困户，无理缠访、闹访、辱骂国家工作人员，冒领扶贫资金等行为开展专项整治。提升贫困群众的法治意识和法治素养，用法律武器为脱贫攻坚一线干部群众保驾护航。

由于措施得力、部署得当，2018年脱贫攻坚工作取得了阶段性成效。全县有建档立卡贫困户28994户108109人（其中已脱贫19318户79127人，未脱贫9676户28982人），贫困发生率7.74%，有贫困村170个（其中深度贫困村84个），已出列贫困村83个（其中深度贫困村26个）。2018年省级下达指导性减贫任务为贫困人口减少2.06万人、贫困村出列44个，天柱县根据实际超额确定贫困人口减少26780人、贫困村出列60个的目标，分别占省指导性任务的130%和136%。通过贫困户及贫困村脱贫退出程序及审核验收，2018年度实际完成贫困户脱贫退出6296户24520人、贫困村出列50个（其中深度贫困村19个），分别占年初省下达任务的119.02%和113.6%。

2019年，天柱县全力聚焦“整县摘帽”目标任务，扎实推进脱贫攻坚各项工作，取得了明显成效。

一是精心谋划部署。天柱县委、县政府始终将脱贫攻坚作为最大的政治责任和第一民生工程来谋划推进。2019年，先后召开6次大型会议安排部署脱贫攻坚“整县摘帽”工作，对春季攻势各项任务、解决“两不愁三保障”突出问题等工作进行细致安排部署，确保各项工作有序开展。

二是优化作战体系。进一步优化县、乡、村三级作战指挥体系，明确14名县级领导干部蹲点16个乡镇（街道）开展督促检查，现场指挥，解决问题，县委书记、县长坐阵县指挥中心，通过视频会议方式，每周调度一次各项工作进展情况，确保实现攻坚打法精准。

三是增强一线坚兵。全面实行“网格化管理”，在下派驻村工作组和结对帮扶干部的基础上，先后精准选派2400余名干部下沉到各村民组担任网格员，进一步充实扶贫一线攻坚力量。

四是提升作战能力。通过2018年底“冬季充电”，邀请省扶贫办领导和州督战督导同志赴天柱县指导工作并进行业务培训、精准把脉，依托“新时代大讲堂”“扶贫夜校”和每周视频调度会等，不断提升各级干部脱贫攻坚业务水平和工作能力，其中提高干部政策能力、加强干部扶贫政策培训13500余人次，辣椒产业技术培训11236人次。

五是加大督战力度。成立4个督战队、14个督查组进驻各乡镇（街道），严格开展明察暗访、督战督查等工作，倒逼工作落实，督促及时整改，对督查中发现问题的71名责任人进行全县通报批评。

六是广积粮草弹药。2019年，全县累计获得中央和省财政专项扶贫发展资金9770.17万元，入库项目3416个，涉及资金34.012亿元；累计向17831户贫困户发放精准小额扶贫“特惠贷”8.39亿元，贷款余额6.24亿元；整合涉农资金26250.44万元，落实9104万元用于脱贫攻坚项目建设和补齐透风漏雨、串户路、庭院硬化等基础设施短板，为决战决胜之年广积粮弹。

七是做好基础工作。强化措施抓好贫困人口精准管理，规范建立脱贫攻坚13类重点人群台账，将其作为漏评、错退问题重点关注对象，通过逐一入户核实、采取措施补齐短板、收集印证资料，切实提高“两率一度”工作成效。围绕“一达标两不愁三保障”，对全县100349户农户逐一建立“入户档案”，引导干部进一步聚焦考核指标抓工作，推动精准管理工作成效提升。

八是强化政策宣传。以“五个专项治理”为契机，全县各部门、各乡镇（街道）纷纷组织村干、网格员、帮扶干部等，在全县范围内轰轰烈烈地开展院坝会、议事会，“帮扶日”大走访等活动，把扶贫惠农政策传到千家万户，共同畅谈脱贫攻坚愿景，共谋致富发展之路。

2020年初，天柱县进一步落实“四个不摘”要求，深化领导干部同推进、党员群众齐携手、社会各界共参与机制，强化资金投入，注重扶志扶智，抓产业稳就业，尽锐出战、精准施策，高质量巩固提升脱贫成果。

一是扎实落实摘帽不摘责任。按照省扶贫开发领导小组《关于进一步落实“四个不摘”要求巩固脱贫攻坚成果的通知》的要求，不断强化各级干部特别是党政主要领导的责任意识与主体意识，围绕2020年未脱贫人口全面清零目标任务，建立了县领导、部门领导、村第一书记“三级包村”的挂牌督战工作体系。由县委书记、县长亲自带头，38名县领导、100个部门、91名村第一书记分别分层级对17个乡镇（街道）、307个有剩余贫困人口的村、易地扶贫搬迁安置点进行全覆盖包保，明确了县级、村级挂牌督战任务清单，确保工作目标明晰、措施有力。党政主要领导带头深入脱贫攻坚工作重点乡镇（街道）、挂牌督战村开展挂牌督战工作，树立良好工作导向。明确14名县领导继续蹲点乡镇（街道）一线督促工作、一线解决问题，做到抓脱贫攻坚工作力度不减、责任不退。组织开展了2020年脱贫攻坚剩余贫困人口清零工作专项调研、“大战100天全面消除绝对贫困”行动，为实现贫困人口全面清零、按时打赢脱贫攻坚硬仗打下坚实基础。

二是扎实落实摘帽不摘政策。对标全面小康补短板，以完善长效机制和产业发展为重点，全面落实各项扶贫政策，全力防返贫、减存量。聚焦“两不愁三保障”、安全饮水等要素保障，持续强化投入保障机制。

（1）抓好农村安全饮水保障。印发《天柱县脱贫攻坚农村饮水安全挂牌督战工作方案》，成立县、乡农村饮水督战专班，全面查清所有农村供水工程现状及存在的短板问题，制定完善“一县一案，一村一策”，同时按照整改方案，扎实开展水质提升、运行管护、设施完善等相关工作。

（2）抓好义务教育保障。完成全县2019年秋季就读信息台账比对核实，义务教育阶段在县内就读的建档立卡贫困学生已全面落实困难生活费补助，对县内、省外就读的中职、普通高中和普通高校学生的教育精准扶贫资助资金已纳入当年的预算进行安排。

（3）抓好住房安全保障。将全县划分为 8 个片区成立 8 个督战组，对 2017 年以来实施危房改造、“三改”和农村老旧住房透风漏雨整治对象进行“回头看”，确保户户有安全住房；对疑似危房户鉴定报告进行再次审查勘误，重点对剩余贫困人口 1754 户 4136 人房屋进行核实，确保住房鉴定精准，房屋改造到位。

（4）抓好基本医疗保障。扎实开展春节期间返乡建档立卡贫困人口家庭医生签约履约服务，实现应签尽签。全力推进建档立卡贫困人口 2020 年参保工作，全县建档立卡贫困人口 108320 人，除合理未参保 3164 人外，实际参合贫困人口 105156 人，贫困人口参合率达 100%。

（5）全面落实对特殊困难人口的兜底保障。全面核实兜底保障群众收入情况，做到应保尽保和低保提标。目前发放农村低保 8205 户 17960 人、城市低保 2561 户 5935 人、特困人员 1441 户 1513 人、易地扶贫搬迁贫困移民一次性临时救助 267 户 1104 人。

三是扎实落实摘帽不摘帮扶。

（1）加大资金投入。计划整合财政涉农资金 18621 万元，确保脱贫攻坚资金投入力度不减。

（2）保持力量不减。全县继续坚持脱贫攻坚网格化管理，2721 名扶贫驻村干部继续驻村坚守工作岗位，确保工作可持续、不断档。

四是扎实落实摘帽不摘监管。建立健全监测预警和动态帮扶机制，对脱贫不稳定、边缘致贫户以及因疫情或其他原因收入骤减或支出骤增户加强监测，提前采取针对性的帮扶措施，围绕“一达标两不愁三保障”条件，按照“缺什么补什么”原则，补齐短板弱项。重点聚焦未脱贫户、脱贫监测户和边缘户，建立《天柱县 2020 年脱贫攻坚“三类重点人群”工作台账》（其中，达标存在问题 27 户 77 人；住房存在问题 33 户 74 人；医疗保障存在问题 46 户 156 人），印发《关于对天柱县脱贫攻坚“三类重点人群台账”责任分解的通知》，对存在问题进行了责任分解。

通过天柱县各级干部的共同努力和广大人民群众的艰苦奋斗，苗乡侗寨发生了前所未有的新变化，黔东大地开启了百姓富生态美的新篇章。全县上下用心用情用力开展脱贫攻坚工作，进一步凝聚起干群攻坚合力，干群关系得到明显改善，群众对脱贫攻坚的认可度明显提升。天柱县地区生产总值从2014年的59.1亿元增加到2019年的91亿元，年均增长11.39%；农村居民人均可支配收入从2014年的6349元增加到2019年10373元，年均增长10.95%。农村水、电、路、通讯等基础设施明显改善，村村实现通水、通电、通网、通水泥路、通广播电视，有卫生室、有村医、有文化活动场所，乡村面貌焕然一新。有效解决了群众就学难、看病难、住房难、饮水难等民生问题，人民群众安全感、满意度分别达98.8%和96.69%，全面小康社会实现程度从2014年的82.5%增长到2019年的93.5%。2020年1月，天柱县迎来了贫困县退出第三方机构检查评估，11个贫困乡镇全部按省标摘帽，170个贫困村全部按国家标准出列，累计减少贫困人口26852户104184人，贫困发生率降至1.1%，实现了非贫困人口零漏评、脱贫人口零错退，群众认可度达到98.3%，达到了国家贫困县退出标准。

经县级申请、市级初审、省扶贫开发领导小组委托第三方评估机构进行专项评估检查和向社会公示等程序，2020年3月3日，贵州省人民政府公布天柱县退出国家级贫困县序列。

第五节　坚持和完善基本经济制度

天柱县委认真贯彻党的十六大关于“坚持和完善公有制为主体、多种所有制经济共同发展”的基本经济制度，在全县继续推进国有企业改革，大力促进非公有制经济发展，并取得了阶段性成效。

一、继续推进国有企业改革

按照国家转让产权、企业转换机制、职工转换身份的要求，通过兼并、联合、重组、拍卖等形式，继续对扭亏增盈无望、资不抵债的国有企业，通过法定程序实施关闭、破产；对技术设备落后、产品质量低劣、缺乏市场竞争能力的国有企业执行改制、改组。通过改革，加快国有经济的战略调整，完善现代企业制度。到2006年，全县内资企业有291户，注册资本14203万元。其中，国有企业131户，集体企业139户，股份有限公司企业23户，其他企业4户。

2007年以来，县国有企业改革领导小组继续抓紧落实国有企业改制工作。2009年12月8日，县委常委会议对邦洞酒厂的改制问题进行了研究，同意县政府提出按程序评估公开拍卖安置下岗职工的改制方案。到年底，已完成了国有企业改制7家。除县陶瓷厂实行资产转让安置职工8人外，县矿产公司、县粮油加工厂、县酒厂、县酱菜厂、县糖果糕点厂、县邦洞酒厂6个国有企业执行资产划拨，安置职工共156人。至此，除县食品公司、县饲料公司、县物资总公司、县供水公司未改制外，其他国有企业改制工作全部完成。

2003—2006年，县国有企业改革领导小组通过资产转让或通过法院判决，依法破产清算并拍卖经委系统10个国有企业资产，安置职工下岗分流和退休人员231人。通过资产转让安置职工的企业有：县糖酒公司、县纺织品公司、县电影放映公司、县中西药公司、鱼塘水库坝后电站、县建筑公司、县汽车队。通过法院判决依法倒闭、拍卖资产安置职工的有：高酿民贸公司、县外贸公司、县人民政府招待所。

二、林业企业改革

2003年4月3日，县委常委会议专题研究县人民政府关于整体转让天柱县林工商公司和国营林场的改革问题，会议原则建议整体转让方案，要求转让后，土地所有权归国家所有，购买方在使用期间，必须依法保护森林资源，上缴税费；购方在招工中，优先安排两个单位职工。2004年8月17—20日，县委常委会议对林工商公司和国营林场的改革问题再次进行了讨论。原则同意县政府党组关于县国营林场的改革脱困方案和县林工商公司职工合同期满一次性安置方案，由县林业局负责落实。此后，县林工商公司转入维护全县115990公顷天然林保护工程，职工119人由县林业局用天保工程经费聘为管护员。

2008年1月15日，县委、县人民政府发出《关于全面开展深化林权制度改革工作的通知》。通知要求，各乡镇要成立由党政主要负责人任组长的林权制度改革领导小组，学习借鉴试点工作经验，依法依规稳步推进林权制度改革。

通过两年的努力，全县基本建立“产权归属明晰、经营主体到位、责权划分明确、利益保障严格、流转顺畅规范、监管服务有效”的现代林业产权制度。2月21日，县委成立了林权制度改革领导小组。杨光杰任组长，杨培璋任常务副组长，龚循政、龙云茂、龙开泉、吴贵英任副组长。22日，召开全县集体林权制度改革动员会议。县组织林改工作队，配合乡（镇）开展集体林权制度改革。在各村召开了林业改革动员会，发放《贵州省林权制度改革政策问答》10万余份、《贵州省集体林权制度改革确权发证办法》3000余册。在此基础上，对村级外业开展勘界工作。8月25日，县委办、政府办联合发出《关于进一步督促县直单位及驻村林改工作人员做好集体林权制度改革的紧急通知》。要求从8月28日至12月31日，对村级林业改革方案和实施项目进一步审核落实，按要求执行。

这次林改工作共出动1366人，投入林改经费125.6万元。其中，县下拨100.9万元，乡镇自筹24.7万元。到2009年底，除白市水电站建设涉及的21个村经州林改办同意未勘查外，其他294个村已完成外业勘界工作。勾绘宗地148050宗，面积14.5万公顷，完成了签订林改合同、宗地录入电脑和三榜公示。其中，有192个村完成《林权登记申请表》的审核盖章、办证。在林改过程中，排查出林权纠纷937起，面积4267公顷；成功调处761起，面积3400公顷。

县林业部门在加强115990公顷天保工程管护的基础上，还营造4186.2公顷。其中，完成人工造林和迹地更新2804.5公顷，油茶低改1181公顷，楠竹栽培200.7公顷。依法查处破坏森林资源行政案件649起，罚款164.8万元；查处刑事案件92起，侦破89起，报经司法机关逮捕67人，维护了国家森林法。

三、国有粮食购销企业改革

2003年4月22日，县委、县人民政府成立天柱县国有粮食购销企业改革领导小组。组长文松波，副组长姚学银、黄瑜。根据省人民政府《关于我省国有粮食购销企业改革和发展的实施意见》，对全县国有粮食购销企业进行改革。对不能实行内部退休的职工，全员解除劳动关系，根据业务量合理定编、定岗、定员，采取公开、公平方式竞争上岗。对重新竞聘上岗的职工，通过签订合同，建立新型劳动关系。对因公（战）致残不能竞聘上岗的职工，按有关政策规定由企业安排适当岗位，或按国家因公致残的规定妥善安排。全县国有粮食企业职工203人，通过公开、公平竞争上岗和因公致残人员安排定员共80人，内部退休47人，下岗分流76人。贵州省粮食储备总公司在天柱建成省储备粮库，县粮食局直属仓库撤销，资产转入凤城粮管所。2005年，县粮食局拍卖原粮站资产，筹措资金用于安置退休和下岗分流职工。

四、国营水电站改制

2005年4月29日，县委常委会议讨论了莲花山水电站和圭六水电站的改制问题。会议决定县人民政府通过向社会发布信息，采取兼并方式处置两个水电站资产，偿还债务，安置职工。决定成立由李俊任组长、龚循政和刘建任副组长的领导小组，负责抓好这项工作的落实。是年6月，两个水电站以价值14189万元转让给黔东南州恒丰实业有限责任公司。

五、大力促进非公有制经济发展

天柱县第九次党代会提出，把发展非公有制经济作为调整和完善所有制结构的重点来抓，在体制和政策等方面创造公开竞争环境，从土地使用、信贷担保、创业资助等方面提供良好服务。鼓励、支持和引导私营企业、个体经济健康发展，提高非公有制经济在国民经济中的比重。

2003年12月29日，县委办、政府办联合发出通知，全面贯彻落实《中共中央、国务院关于治理向企业乱收费乱罚款和各种摊派等问题的决定》。县委、县政府决定从2004年1月1日起，在部分企业实行《收费明白卡》。《收费明白卡》注明国家规定企业应当缴纳的费用外，任何单位和个人不得额外向企业摊派和随意罚款，以保证企业依法正常经营。县人民政府根据可持续发展战略要求，还对矿山开发企业进行整顿，从严审批。

至2006年年底，全县私营企业204户，注册资金6435万元。其中，独资企业43户，合伙企业33户，有限责任公司104户，其他24户；分布在城镇108户，在乡村96户；从事采矿业45户，制造业60户，批发零售业84户，其他15户。个体工商户有6341户，从业人员7607人，注册资金总额6543万元。其中，城镇 2813 户，从业人员 3719 人，注册资金 3549 万元；乡村 3528 户，从业人员 3888 人，注册资金 2994 万元。

2008 年 12 月 5 日，县委、县政府成立了天柱县加快发展非公有制经济工作领导小组。组长文松波，副组长杨光杰、陆显武、黄瑜、杨代松、李光坤、张绪能、王兴友。下设领导小组办公室、非公产业促进会办公室、非公经济投诉中心。通过这些机构的管理，促进非公有制经济加快发展。

2009 年 5 月 19 日，县委、县政府发出《关于进一步优化环境加快非公有制经济发展的意见》。从思想认识、优惠政策、转变作风、加强领导四个方面作出具体要求。5 月 20 日，召开全县非公有制经济发展暨表彰大会。各乡（镇）、县直机关和省州驻县各单位负责人、各种非公有制经济代表出席了会议。会上传达贯彻了中央和省、州、县委关于加快非公有制经济发展的文件，表彰了天柱康宁医院、诗新汽车维修中心、天柱民族特色商品发展有限公司、舞阳水泥有限责任公司、桑杨生物科技开发有限公司等 10 家优秀民营企业，表彰杨荣英等 50 户优秀个体工商户。对为非公有制经济发展提供优质服务的县工商局、县工商联、县信用联社、县公安局、县地税局也进行了表形。

10 月 20 日，县委、县政府成立了天柱县劳动关系和谐企业创建活动领导小组，黄瑜任组长，彭子培、贾水英任副组长。发出了《关于进一步开展“劳动关系和谐企业”创建活动的实施意见》，要求各非公有制企业从实际出发，建立党的组织、工会组织，并通过这些组织做好职工思想政治工作，支持企业完成生产任务，维护职工的合法权益。

第四章　传承创新并重　发展文化事业

中国特色社会主义文化是以先进的世界观和方法论为指导的先进的思想文化。文化建设的根本任务和目标，是要创造出先进的、健康的社会主义文化，繁荣社会主义的文化事业，不断满足人民群众的精神文化需求，是要形成有利于建设中国特色社会主义事业、有利于改革开放的价值观念、精神风貌、舆论氛围、文化条件和社会环境，提高整个中华民族的思想道德素质和科学文化素质。

第一节　社会主义文化建设

党的十五大报告指出，中国特色社会主义文化建设是综合国力的重要标志。党的十六大和十七大又对发展社会主义文化作了深入的阐释。党的十八大以来，以习近平同志为核心的党中央高度重视社会主义文化建设，牢牢掌握意识形态工作的领导权、管理权、话语权，大力培育和践行社会主义核心价值观，提高全民族思想道德水平，推动文化事业全面繁荣和文化产业快速发展，为实现中华民族伟大复兴的中国梦提供思想保证、精神力量和道德滋养。

一、以思想道德建设为抓手，促进社会主义文化建设

党的十九大报告指出，“文化自信是一个国家、一个民族发展中更基本、更深沉、更持久的力量。必须坚持马克思主义，牢固树立共产主义远大理想和中国特色社会主义共同理想，培育和践行社会主义核心价值观，不断增强意识形态领域主导权和话语权，推动中华优秀传统文化创造性转化、创新性发展，继承革命

文化，发展社会主义先进文化，不忘本来、吸收外来、面向未来，更好构筑中国精神、中国价值、中国力量，为人民提供精神指引。”

（一）加强思想政治宣传和建设

1998年4月21日，县委召开全县宣传思想工作会议，传达全州宣传思想工作会议精神，部署安排全县宣传思想工作和精神文明建设工作。莫章海作了《全面贯彻落实十五大精神，开创宣传思想工作的新局面》的讲话。6月26日，县委办、政府办联合发出《关于做好当前思想政治工作的意见》。提出要从改革、发展、稳定的高度认识思想政治工作的重要性和紧迫性，针对干部、群众最关心的问题，把思想政治工作同为群众办实事结合起来，同党中央提出实现第二步目标和县委提出“富民强县建市”工作目标结合起来，增强工作实效。9月1日，县委发出《关于认真贯彻〈中共中央关于在全党深入学习邓小平理论的通知〉的实施意见》，对全县干部群众学习邓小平理论作了安排部署。

1999年，县委在县直机关领导干部中开展以讲学习、讲政治、讲正气为内容的“三讲”教育，努力提高干部的理论水平。要树立坚定正确的政治方向，坚持党在社会主义初级阶段的理论和基本路线，认真执行党的全心全意为人民服务宗旨。并通过纪念党的生日、国庆50周年暨天柱解放50周年，庆祝澳门回归祖国等活动，加强党员党性教育和爱国主义教育，增强为人民服务的事业心和责任感。

2000年2月24日，县委成立“三讲”教育领导小组，由张美圣任组长，陈守金、张绪能、范钟声任副组长，在全县领导干部中开展“三讲”教育活动。县委提出要以整风的精神，进行自我剖析，开展批评与自我批评。通过教育，收到良好效果，基本达到中央提出“思想上要有明显提高，政治上要有明显进步，作风上要有明显改进，纪律上要有明显增强”的要求。8月14日，县委发出关于认真学习贯彻江泽民“三个代表”重要思想的通知。要求各级党组织以“三个代表”重要思想为指导，抓好当前各项工作，把“三个代表”重要思想的学习引向深入。8月30日，县委常委会议决定把中纪委通报成克杰、胡长清等重大典型案例，作为对党员进行警示教育的材料。

2001年3月17日，县委根据中央指示，发出《关于在全县农村开展“三个代表”重要思想学习教育活动的实施意见》。决定用两年左右时间，对县、乡

（镇）、村领导班子和基层干部、党员进行“三个代表”重要思想教育，使党员、干部对党的性质、宗旨、任务进一步明确，凝聚力、战斗力进一步增强。

通过学习教育，广大党员、干部和群众在改革开放和社会主义现代化建设中努力工作，各条战线上涌现出一批先进模范人物，为建设家乡作出积极的贡献。特别突出的是，1998 年 12 月 19 日，凤城镇刑侦中队长、共产党员张秀昊在侦破案件中，不顾个人安危，抢先排险，炸弹爆炸造成双眼失明，终生残疾，为群众安危付出了沉重代价。但他身残志坚，决心用有限的生命投入到无限的为人民服务之中。1999 年 5 月 6 日，国家公安部授予张秀昊“全国二级英雄模范”称号。6 月 10 日，县委、县人民政府作出决定，号召全县共产党员和各族人民向张秀昊同志学习。

2003 年 1 月，天柱县召开的第九次党代会提出，要建设中国特色的社会主义，必须建设中国特色的社会主义文化。必须坚持以科学的理论武装人，以正确的舆论引导人，以高尚的精神塑造人，以优秀的作品鼓舞人，培养有理想、有道德、有文化、有纪律的社会主义公民。要求思想宣传、文化艺术、影视广播部门和广大文艺工作者，加强学习马克思主义、毛泽东思想、邓小平理论和“三个代表”重要思想，坚持马克思主义、毛泽东思想、邓小平理论和“三个代表”重要思想在意识形态领域的指导地位，统领社会主文化建设，正确把握舆论导向，弘扬时代主旋律。结合改革开放实际，大力宣传党的社会主义初级阶段理论、基本路线和方针政策，讴歌社会主义现代化建设成就，赞颂模范人物的先进事迹，引导各族人民坚定建设有中国特色社会主义的信念和实现小康社会的信心。要坚持文艺为人民服务、为社会主义服务的方向，坚持“百花齐放、百家争鸣”的方针，要深入群众，深入实际，体验生活，挖掘题材，创作更多具有民族特色的、人民群众喜闻乐见的优秀作品。要加大对外宣传力度，改进对外宣传方式，提高天柱县在国内外的知名度，为加快全县社会主义现代化建设服务。

根据中央关于“依法治国和以德治国相辅相成”[①]的论断和“要建立与社会主义市场经济相适应、与社会主义法律规范相协调、与中华民族传统美德相承接的社会主义思想道德体系”[②]的要求，天柱县委在坚持“依法治县”的同时，注

① 《中国共产党第十六次全国代表大会文件汇编》，38 页，北京，人民出版社，2002。
② 《中国共产党第十六次全国代表大会文件汇编》，38 页，北京，人民出版社，2002。

重加强和改进思想政治工作。采取多种形式、多种方式在全县广泛深入地开展群众性的精神文明创建活动，加强思想道德建设。通过县委党校和各乡镇业余党校，对各级干部、广大党员进行理论学习培训；通过召开纪念党的生日、国庆纪念日和纪念毛泽东、邓小平诞辰活动，深入进行党的基本理论、基本路线、基本纲领和“三个代表”重要思想的宣传教育，引导人们树立中国特色社会主义共同理想，树立正确的世界观，人生观和价值观；通过认真学习贯彻《中共中央关于社会主义精神文明建设若干重要问题的决议》和《公民道德建设实施纲要》，把加强思想道德建设同创建精神文明结合起来，在党员、干部和人民群众中，开展以诚实守信为重点的社会公德、职业道德和家庭美德教育。

青少年一代是祖国的未来，是社会主义现代化建设的接班人。县委要求各级党政组织都要关心他们的健康成长。2003 年 9 月 10 日，县委办、政府办联合转发县综治办《关于加强预防和减少青少年违法犯罪工作的意见》。提出学校、家庭和社会各部门密切配合，齐抓共管，预防和减少青少年犯罪。

2004 年 8 月 24 日，县委、县政府召开全县加强和改进未成年人思想道德建设工作暨城乡文明卫生工作会议，对两项工作作出布置安排。9 月 9 日，县委批准由政法、宣传、教育等九部门联合发出《关于加强青少年道德和法治教育的意见》。9 月 28 日，县委办发出《中共天柱县委、天柱县人民政府关于进一步加强和改进未成年人思想道德的实施意见》，从战略高度提出加强和改进未成年人思想道德建设的重要性和必要性，强调中小学校要不断改进对中小学生的思想教育工作，教育行政部门和学校党的组织要加强领导，与有关部门协调配合，健全机制，认真落实。12 月 2 日，县委、县政府成立了天柱县加强和改进未成年人思想道德建设协调委员会，姚学银任主任，陈桃生、杨汉钦、吴展朝任副主任。县关心下一代工作委员会也相应作了充实调整，杨光杰为主任，潘盛灯为副主任。根据县委部署，各级司法行政部门向中小学委派法制副校长。针对青少年不同特点，配合学校进行理想信念教育、法制教育和思想道德教育。引导青少年树立正确的人生观、价值观、世界观，使之成为有理想、有道德、有文化、有纪律的社会主义建设者和接班人。

2006—2007 年，全县开展社会主义荣辱观教育活动，通过有线电台、宣传栏、远程教育等阵地，进行“八荣八耻”为主体的教育活动。

2008年，通过全国、全省、全州“道德模范和我最喜爱的十大人民警察”等参评活动，大力宣传天柱县先进典型；对广大人民群众进行抗震救灾精神和“一方有难八方支援”的中华民族传统美德的宣传教育。

2009年，全县开展向张秀昊学习活动。

2011年，在《金色天柱报》、县电视台《天柱新闻》栏目，新华网天柱频道、县人民政府网站开辟专栏，精心组织开展了“抗旱救灾”“三个建设年”“创造争优”“四帮四促”“万名干部下基层”等思想宣传活动。

2012年，全县扎实推进学习型党组织建设，认真抓好理论武装工作，组织开展“解放思想，推动跨越”大讨论。

2013年，组织开展了学习贯彻党的十八大，中央1号文件和中央“两会”精神、党的十八届三中全会精神、省委十一届二次、四次全会精神的专题辅导和宣讲活动42场次。

2014年，天柱县深入开展社会主义核心价值观教育，积极开展“明礼知耻　崇德向善”主题活动。组织道德讲堂建设，共建成各级道德讲堂174个，开展道德讲堂宣讲活动400多场。组织开展“积德榜”建设工作，在全县建设“积德榜”17个。扎实开展“理论走基层·惠民好声音”理论宣讲活动500多次，受益群众达10多万人次。

为进一步加强新形势下农村基层组织和党员队伍建设，提高广大农村党员的思想政治素质、科技文化素质和思想道德素质，保持党的先进性和纯洁性，巩固党在农村的执政基础，2015年，天柱县对农村党员进行集中教育培训，全县128个村（居、社区）的全体党员、各村“第一书记”以及同步小康驻村工作组成员共计9000余名党员开始陆续进行集中培训。同年，为开展好“三严三实”专题教育活动，天柱县政府办党组通过采取征求意见等方式，及时部署开展相关调研工作，县政府班子及党组成员结合各自的分管工作认真撰写了调研报告，调研报告详细剖析了自身在“严以修身、严以用权、严以律己，谋事要实、创业要实、做人要实”方面存在问题，提出了解决问题的思路。

2016年5月4日，天柱县委宣传部召开“铸勤行动”动员会和“两学一做”学习教育工作座谈会。在“铸勤行动”动员会上，组织学习了《中共天柱县县委、天柱县人民政府关于在全县开展“铸勤行动”的决定》和《中共天柱县委宣传部关于组织开展“铸勤行动”的实施方案》等文件，并成立了县委宣传部“铸勤行动”领导小组，下设“铸勤行动”办公室和督查组。为切实做好“铸勤行动”，完善修订了县委宣传部机关内部管理制度，印发了《中共天柱县委宣传部“铸勤行动”计划任务与2016年宣传思想文化工作责任分解表》。在“两学一做”学习教育座谈会上，组织学习了《关于在全县党员中开展“学党章党规，学系列讲话，做合格党员”学习教育实施方案》《中共天柱县委宣传部关于在党员中开展“学党章党规，学系列讲话，做合格党员”学习教育实施方案》。

2017年，成立天柱县委意识形态工作领导小组，建立“天柱县意识形态工作联席会议制度”，主持召开联席会议安排部署意识形态工作4次。

中华优秀传统文化已经成为中华民族的基因，植根于中国人内心，潜移默化影响着中国人的思维方式和行为方式。不忘历史才能开辟未来，善于继承才能善于创新。为推动解决宣传思想文化领域存在的突出问题，开创新时代宣传思想文化工作新局面，从2018年3月份开始，天柱县在宣传思想文化战线扎实开展大调研工作，并取得了一定成果。全县共完成30个调研课题并撰写完成了调研文章，其中《以农村“合约食堂”推动乡风文明建设的经验做法》《以渡马侗戏为例，推动戏曲传承发展的经验做法》两个调研题目被州委宣传部列为重点调研课题。

（二）弘扬社会公德培育文明风尚

社会主义文化伴随社会主义经济发展而发展，人民随着物质生活的提高而对丰富精神文化生活的愿望也越来越热切。天柱县委坚持社会主义先进文化的前进方向，推进全县社会主义文化建设，激发民族文化创造活力，保障人民基本文化权益，使人民精神风貌更加昂扬向上。

社会公德是全体人民团结进步的重要精神支撑。2007年以来，天柱县委在全县开展“满意在天柱”为主题的思想道德建设，大力弘扬爱国主义、集体主义、社会主义思想，以增强诚信意识为重点，加强社会公德、职业道德、家庭美德、个人品德教育，充分发挥道德模范榜样作用，引导人民自觉履行法定义务、社会责任、家庭责任，为建设小康和谐新天柱培育文明风尚。

青少年一代是祖国的未来，是建设有中国特色社会主义的接班人。党和国家希望他们成为有理想、有道德、有文化、守纪律的新一代社会主义现代化建设者。在县委领导下，县关心下一代工作委员会（简称县关工委）积极配合学校，加强青少年的思想政治教育。

2007年4月28日，在2007年《工作要点》中提出，学校是传道授业的阵地，要加强素质教育。在抓好传授文化知识的同时，要以胡锦涛总书记提出的“八荣八耻”观为主要内容，对青少年学生进行理想信念教育和思想道德教育。农村基层组织要协助学校、家庭抓好创建“无辍学、无犯罪、无吸毒、无不孝子女”和开展“少年有文化、青年有技术”的“四无两有”教育活动；城镇街道党组织要开展创建“四好”社区活动。2008年在其《工作要点》中又提出，要以十七大精神为指导，在青少年中深入宣传社会主义核心价值体系，开展爱国主义和革命传统教育，重点抓好“四无两有”村和“四好”社区创建活动，不断优化青少年健康成长环境。

2007年4月28日，县委办、政府办联合发出通知，决定在全县开展向“全国优秀乡村医生”“全国十大杰出青年”李春燕学习。县委成立了学习李春燕活动领导小组，杨培璋任组长，陈桃生、李文禹、潘英、龙剑、吴展华任副组长。2009年1月10日，县公安干警张秀昊荣获公安部和中央电视台联合举办的全国第三届“我最喜爱的十大人民警察”荣誉。1月18日，县委、县人民政府作出对张秀昊予以表彰决定，并成立了向张秀昊学习活动领导小组，组长文松波，副组长杨光杰、陆显武、李文禹、彭子培、龚循故。19日，县委发出《关于开展向张秀昊学习的决定》，学习他临危不惧，冲锋在前的英雄气概；学习他爱岗敬业，忠于职守的优良作风；学习他牢记宗旨，心系群众的公仆情怀；学习他自强不息，坚忍不拔的顽强精神；学习他不甘人后，自我超越的时代风范。全县党政干部积极响应县委号召，开展向张秀昊学习活动。9月20日，张秀昊又荣获中宣部、中央文明办、解放军总政治部联合举办的“全国道德模范提名奖”。中共中央政治局常委李长春亲自为其颁奖。10月1日，州委书记廖少华专程到天柱慰问张秀昊，提出要在全州公安干警中开展向张秀昊同志学习。

2008年5月20日，县委办、政府办联合发出《天柱县公民道德建设工程——“满意在天柱”主题活动纲要（2008—2010）》，按照“一年重点突破，两年延伸发展，三年全面推进”的要求，全面提高公民道德素质。6月19日，县委、县政府成立“满意在天柱”领导小组，杨培璋任组长，彭子培、潘英、杨祖恒、张绪能任副组长。2009年6月22日，县委办、政府办联合发出《〈2009年公民道德建设工程——“满意在天柱”主题活动实施方案〉的通知》，要求各级各部门要以学习实践科学发展观为契机，努力转变思想观念和工作作风，增强服务意识，提高服务水平。按照公民道德建设实施纲要要求，大力推进诚信建设，深入开展精神文明创建活动，认真抓好“整脏治乱”工作，城乡社会主义精神文明程度得到进一步提升。

2009年4月13日，县委、县政府发出《关于贯彻落实省、州委关于进一步加强关工委工作的意见》，要求各级党政组织把教育培养青少年工作纳入重要议事日程，继续抓好农村“四无两有”城镇和“四好”社区的创建活动，重视青少年思想政治教育，抓好新一代接班人的培养。

通过向英雄模范学习，干部群众精神面貌得到提升。2009年6月22日，天柱县星宝矿业有限责任公司金井矿区涌金洞发生事故，有7人被困井下。事发后，县委、县政府启动安全生产应急救援施救方案。经过15个小时的紧张奋斗，被困人员全部撤出。9月8日，县委、县政府发出《关于表彰“622”抢险救灾先进单位和先进个人的决定》，对在第一时间赶到现场抢险救援的县人民武装部、县消防大队、县公安局记集体三等功；给县安全生产监督管理局刘兆全记三等功；给县交通局、县电力局、县国土局、县乡镇企业局、县医院、县电信局、县移动公司、白市镇政府、清水江公司白市水电站通报表扬。

为进一步弘扬传统文化，宣传道德楷模，规范道德行为，倡导道德风尚，2010年，天柱县开展了以社会公德为主题的道德讲堂活动。本次道德讲堂共分为学政策、省自身、唱歌曲、看短片、诵经典、谈感悟、发善心、送吉祥八个环节。

2011年9月20日，是全国第九个“公民道德宣传日”。为积极培育和践行社会主义核心价值观，营造文明向上的道德风尚，不断提高公民道德素质，9月20日，天柱县按照县文明办统一安排，在灯光球场组织文明创建志愿者、法治宣传志愿者、法律援助志愿者和正诚公证处工作人员开展“9·20公民道德宣传日”宣传教育活动。

2012年，为进一步提高天柱县干部的文明素养，天柱县政府举办了以“弘扬社会公德”为主题的道德讲堂。县委统战部、县各民主党派，工商联、民宗局、侨联、台联等县直统战系统全体干部职工参加讲堂。

2013 年，天柱县大力实施“青春向心力”“青年争先力”“青春攻坚力”“青春感染力”四大工程，组织广大团员青年开展党的十八大专题宣讲，深入各乡镇、社区积极开展“我的中国梦·青年创业典型宣讲”报告会，深入全县各中、小学开展“我的中国梦”“红领巾相约中国发展”“学英烈祭烈士，争做美德少年”等主题教育活动 20 余场次。

2014 年，天柱县举办首届师德师风演讲暨文艺汇演。在此次活动中，以“讲师德、正师风、强素质、树形象”为主题，大力弘扬贵州教育精神，以师德建设引导社会公德培养。

大力培育和践行社会主义核心价值观，弘扬传统美德，倡导时代精神，在全县努力营造崇德向善、见贤思齐的浓厚氛围，2015 年天柱县组织开展了第三届“最美天柱人”评选活动。县评审委员会办公室协调《金色天柱报》、县广播电视台、《黔东南日报》、新华网、贵州文明网、黔东南文明网等新闻媒体，对“最美天柱人”事迹进行了宣传报道。

2016 年，天柱县妇联以寻找“最美家庭”活动为契机，在全县各社区兴起传承夫妻和睦、尊老爱幼、科学教子、勤俭持家、邻里互助、廉洁文明的家庭风尚。

2017 年，天柱县为着力抓好青少年思想建设工作，主要开展了如下工作：一是加强理想信念教育。注重以科学理论武装青少年，学习刘晓凯同志在全省青年代表座谈会上的讲话精神；组织学习团州委《关于开展“学习总书记讲话 做合格共青团员”教育实践实施方案》等文件精神。二是加强思想道德建设。组织广大青少年开展“祭英烈”网上寄语、“明礼知耻·崇德向善”“一学一做”演讲比赛等主题教育活动 20 场次，组织参加全州共青团系统“一学一做”演讲比赛，并荣获第一名。举办了“纪念建团 95 周年‘五四’文艺汇演暨‘两红两优’表彰大会”等系列活动。三是加强青少年法制宣传教育，扎实推进“预青工作”。以“主题团日”活动、综治宣传月为契机，认真开展青少年自护教育、青少年权益宣传、禁毒知识宣传等主题教育活动 30 余场，发放各类宣传材料 1 万余份，覆盖 2000 多名青少年。邀请团州委春晖使者、州禁毒协会副秘书长龙飞鸿老师到天柱县中、小学开展感恩励志巡回演讲，共计 5000 余名学生受益。

2018年，天柱县为扎实推进社会主义核心价值体系建设，推荐身边模范，比学高尚品行，加强社会公德、职业道德、家庭美德、个人品德建设，在全县形成学习、宣传道德模范和争做道德模范的热潮，形成重品行、讲文明、促和谐的良好社会风尚。

二、以文化市场管理为推手，强化社会主义文化建设

20世纪90年代以后，天柱县文化产业主要有：书刊销售及出租、录像放映、卡拉OK、电子游戏、音像品出售及出租、网吧以及电脑打印、复印等。对文化市场进行有效管理，也就成为文化主管部门新的工作职能之一。天柱县文化部门及其相关部门，对文化市场管理做了大量的工作，从而使全县的文化市场得以净化，坚持了先进文化的前进方向。

1991年，由天柱县文化部门牵头，公安、工商部门配合，收缴非法出版的年画4700余张，宣传迷信的书籍40余本。由天柱县宣传部门牵头，文化、广播电视、工商、税务、物价部门联合对全县录像放映点进行清理登记，对不符合要求的放映点进行整顿，保留19家；对电子游戏室、卡拉OK厅和部分书摊实行办证登记。

1992年，县文化局加强文化稽查队伍建设，由原4名兼职人员扩充至6人。制定了文化市场管理的相关制度，文化市场管理开始走上正规化、经常化、制度化。全年办理文化经营许可证72家，收缴非法出版书刊52册，没收非正规渠道发行录像带3盒，清理惩处了部分录像经营户。

1993年，按照省、州有关会议精神，县文化局会同公安、工商部门进行为期5个月的“扫黄打非”突击行动。清理整顿台球娱乐点346个、录像带发行点4个、录像放映点53家、书刊销售点11个、电子游戏点10个、打字复印店4家、印刷业7家、工艺美术装潢业5家、舞厅6家、卡拉0K厅2家。对其中违规的文化经营户分别进行取缔、没收、停业整顿等处理。

1994年，天柱县文化市场处于蓬勃发展阶段，共有舞厅8家、录像放映点9家、台球桌153台、私人书摊2个、书刊出租点7家、卡拉OK厅6家、打字复印店6家。为使文化市场走上正轨，成立了专门的文化市场稽查机构，强化了市场监管。县文化部门与有关部门联合行动，检查10余次，处罚违章经营4起，

收缴非法书刊1024本、音像制品56盒、年画1120张。

1995年，在文化市场管理中，检查录像放映室12家、书刊出租点9家，卡拉OK厅7家。处罚违章经营4起，收缴非法书刊800余本、音像制品60盒（张）。

1996年，主要抓文化法规宣传教育，重点整顿电子游乐和音像市场。查处12个无证经营的音像制品店，销毁黄色音像制品34盒，查封9台有博彩性质的电子游戏机，收缴迷信、黄色书刊368册和非法出版的画报1230张。

1997年，"黄、赌、毒"更加隐蔽化，并由县城向农村扩散。根据这一特点，文化稽查工作采取相应对策，并进行集中整治。同时，加强对41户文化经营户的法规学习培训，以增强他们的法制意识。

1998年，采取经常性和突出性相结合的管理办法，对文化经营户进行文化经营法规培训，对遵纪守法户进行表彰。通过检查，收缴盗版台历挂历58本、迷信书刊120册，审查音像制品2100余张，收缴非法音像制品580张、淫秽影碟28张。采取措施抵制"开心天地""啤酒屋开心天地"等具有赌博性质的电子游戏进入天柱县文化市场。

1999年，在开展"扫黄打非"工作中，主要查禁、打击走私和无证发行放映录像等非法经营活动，清理整顿音像制品和书刊市场。查获播放淫秽录像放映点1家，收缴色情淫秽光碟30张，收缴迷信、非法书刊102册，非法教科书1396本，收缴非法录像带20余盒，取缔电子游戏室18个。

2000年，县文化部门与公安、工商部门配合，取缔"开心天地"电子游戏场所，净化社会文化环境；取缔校园门口200米内的电子游戏室和1户经营电子游戏光碟及电脑光盘的经营户，收缴非法出版物1000册，取缔从事赌博的棋牌娱乐室30家。

2001年，共计查缴具有赌博功能的麻将机电路板8块，取缔违规经营的电子游戏室2家，查缴非法盗版光盘640余张，查处1家违规录像放映室，检查12家书店（摊），收缴盗版书刊213册；查处无证经营歌舞娱乐场所；配合消防、工商部门对歌舞娱乐场所进行安全检查和整治；对9家网吧进行了严格检查。

2002年，开展各类文化稽查109次，查缴非法出版物1360册、盗版光盘700余张，查处录像放映室5家。

2003 年，文化稽查工作以点带面，带动整个文化市场的日常管理工作。共开展各种稽查活动 127 次，查缴非法出版物 3428 册、宣传单 2736 份；收缴盗版光盘 697 张，其中淫秽光盘 24 张。同时，对全县音像市场、出版物、印刷业等进行了集中整治，开办一期印刷、打字、复印业主法律法规培训班，提高业主的依法依规意识。

2004 年，重点开展网吧专项治理工作，加强日常巡查监督，对凤城、邦洞、高酿网吧存在的问题进行查处；查缴非法盗版光盘 2464 张、歌带 66 盒、盗版书刊 3537 册、盗版软件 514 张；查处违规经营户 11 户。6 月 3 日和 6 月 5 日，与县教育局、团县委联合，分别在凤城、邦洞开展“尊重知识，拒绝盗版”的法制宣传活动，散发宣传资料 6500 余份。

2005 年，文化稽查力度进一步加大，开展宣传教育活动 5 次，发放宣传资料 1.88 万份。与公安、工商等部门联合整治网吧、电子游戏室，着重打击“黑网吧”。在“扫黄打非”专项整治活动中，将盗版教材、教辅读物清理出课堂，净化社会文化环境。全年检查各类文化市场 700 余家（次），查处取缔“黑网吧”13 家（次），处罚违规经营网吧 8 家（次），收缴非法图书 5150 册、非法盗版光盘 2280 余张，其中淫秽书刊 25 册、光盘 72 张。

2006 年，出台《天柱县网吧管理暂行办法》，有效控制网吧接纳未成年人的现象；对全县网吧进行了 60 余次查访和检查，共处罚违规经营网吧 8 家（次），取缔黑网吧 10 家；检查各类文化市场 428 家（次），收缴非法图书 3160 余册、非法盗版光盘 2380 余张。

2007—2010 年，取缔严重违规、群众反映强烈的电子游戏室 2 家；查处取缔“黑网吧”30 余家；查处违规印刷厂 1 家；查缴盗版中学生测试卷 2875 份、非法出版物 8000 余册、盗版书籍 5000 余册；查缴盗版音像制品 7000 余张和非法刻录音像制品 1.2 万余张；查缴淫秽音像制品 500 余张和盗版软件 3000 余张。

2011 年，在“扫黄打非”专项工作中，检查各类文化经营户 569 户（次），取缔非法文化经营户 15 户，收缴盗版影碟 3708 张、非法出版物 980 余本（册），查处违规网吧 13 家（次）、违规游戏机室 1 家（次），取缔游商地摊 4 家，有力打击了各种非法文化经营活动。

2012 年，重点抓好文化市场管理工作，开展保护知识产权活动。对开办网吧、歌舞娱乐、电子游戏室、书店、印刷、音像、打字复印、图书报刊等经营业主及从业人员开展了4期培训，培训人数达400余人次，使各业主及从业人员的守法经营意识得到进一步提高；在全省率先开展网吧整合工作，第一个通过省厅验收并获网吧连锁企业认定证书（全省只有4个）；加大校园周边文化市场的检查力度，重点开展对图书市场、电子出版物市场、音像市场及新闻、社会类小报小刊和印制企业的专项治理；认真开展“扫黄打非”工作，与有关部门联合开展集中统一行动20余次，常规性检查150次，出动车辆110台（次），检查人员450余人（次）。检查各类文化经营户628户（次），取缔非法文化经营户23户，收缴盗版影碟500张，非法出版物980余本（册）、试卷200余份，查处违规网吧13家（次），违规游戏机室3家（次），取缔游商地摊4家，有力打击了各种非法文化经营活动。

2013年，共查检网吧240余家（次）、电子游戏室18家（次）、歌舞娱乐场所40余家（次），书店打字复印店70余家（次）、印刷企业40余家（次）、音像店（点）30余家（次）；加大文化市场执法力度，在乡镇集贸市场中缴获盗版书籍200余本、盗版光碟800余张（盒）、政治性读物30余本、淫秽色情书籍20余本、淫秽色情光碟40余张。

2014年，强化培训，共举办文化市场经营业主培训班3次，提高了经营业主守法经营意识；加强文化娱乐场所管理，将所有文化娱乐经营单位监督检查落实到人，实行包保责任制；加大文化市场执法力度，在乡镇集贸市场缴获非法书籍300余本、试卷700余份，盗版光碟670余张（盒），淫秽色情书籍15余本，淫秽色情光碟80余张，有效遏制了非法出版物的传播；对全县中小学校进行教辅教材及试卷检查；聘请了32名“五老”网吧监督员。

2015年，开展5期文化市场从业人员的法律法规培训，参训人员达360人次；做好农村文化市场信息报送、“五老”网吧社会监督员等工作，完成全国文化市场执法与监管技术服务平台数据录入、案卷卷宗等内业工作任务。加大文化市场执法力度，全年检查文化市场1000余家（次），查处违规经营场所50家（次），取缔3家游商摊点，查缴非法出版物（含试卷）2000余本册，有效遏制了非法出版物的传播扩散。

2016年，开展文化市场日常巡查和专项整治，对全县中小学校进行教辅教材及试卷检查，有效遏制非法出版物的传播扩散；抓好法律法规培训工作，组织文化从业人员召开3期法律法规培训，受训人数达330余人次，参加省、州主办的执法培训4人次，不断增强从业人员守法经营意识，提高执法人员办案能力和业务水平；认真抓好“五老”网吧社会监督员、农村文化信息监督管理员工作，确保了文化市场健康有序发展。

2017年，圆满完成“扫黄打非”进社区和全县文化市场秩序的监管工作。

2018年，加大文化市场执法力度，检查网吧、歌舞娱乐场所、电子游戏室、印刷企业、打字复印、书店、报刊亭、网站、手机运营商等各类场所1260余家（次），查处违规经营场所24家（次），取缔1家游商摊点，查缴非法出版物（含试卷）1500余本册，进一步规范和净化了全县文化市场经营环境。

三、以广播电视为载体，提升社会主义文化建设

天柱县委、县政府加强对文化事业的领导，广播电视基础设施建设取得重要成就。在抢抓西部大开发战略机遇中，一是投资530万元兴建天柱电视广播大楼，建筑面积5687平方米，于2006年11月竣工使用；二是大力推进农村现代有线广播电视网建设，对凤城、邦洞、蓝田、白市、江东、渡马、高酿8个乡镇进行了电视网络改造，完成60座“村村通”电视广播站建设工程，到2006年，全县广播电视覆盖率达90.3%。自2007年开始，天柱县开始启动全光网改造提速工程，实现电信宽带用户“200M普及”的目标。截至2018年12月底，光宽带覆盖8.5万用户家庭。通过宽带光纤化改造、光纤入户建设和骨干网扩容升级，着力打造千兆引领、百兆普及的宽带接入能力。对带宽低于50M的存量家庭宽带用户全部免费提速至100M。截至2018年12月，百兆光宽带用户占比累计达100%，宽带网络能力进一步提升。累计完成4G基站建设255个，16个乡镇285个村全部覆盖4G信号；光纤宽带建设累计完成44738个端口，其中县城20250个，乡村24488个。高速宽带网络为“互联网+”行动提供了有力支撑。

县广播电视台（站）除按时转播中央电视台、中央人民广播电台、贵州电视台、贵州人民广播电视台和黔东南电视台的节目外，还自办广播电视节目。自办节目主要编发本县新闻、宣传天柱经济社会和政治情况，为天柱的经济建设和社会发展服务。

自办电视节目始于1993年。当年，自办节目配合有关单位宣传《中华人民共和国水法》《中华人民共和国税法》《中华人民共和国土地管理法》，并配合天柱县几项重点建设工程组织电视新闻宣传；编播电视新闻163篇，各种经济信息58条。天柱县为纪念毛泽东诞辰100周年而举办文艺汇演，县电视台首次转播。县广播站全年播出稿件3514篇，其中8篇选送全州评选，天柱县广电局获得全州广电宣传二等奖。

1994年，每天自办节目播出一小时，办有《天柱新闻》《卫生与健康》《农民之友》《文艺节目》4个固定节目，同时开办不定期专栏节目。当年，县广播站播出稿件2544篇、科普文章与信息700多篇（条）。县电视台播出电视新闻32条，播放专题片40余集（次），为物价、审计、武装等部门摄制专门法规宣传动员讲话5次，发表县领导讲话4篇；与县委组织部联合开办《党建园地》专题节目12期。同年发布广告100条，为群众点播歌曲1500首。1995—1997年，县电视台继续围绕县委、县人民政府的中心工作，编发电视新闻节目。《天柱新闻》每周办3期，播6天，节目质量进一步提高。同时，继续办好《党建园地》，以反映天柱县党的组织建设和宣传基层党员中的优秀分子事迹。

1997年，广播站不定期编播《天柱新闻》《卫生与健康》《农民之友》等节目，自办新闻节目120期，播稿365篇。当年香港回归祖国，县电视台对天柱城乡开展的庆祝活动进行专题报道。同时录播县领导电视讲话14人次，制播公益电视标语100条、公益广告130条，点歌100多首，播出各类电视剧800余集。

1998年，县广播站不定期编播各类自办节目54期，播出稿件120篇。县电视台编发电视新闻节目100期，用稿300多篇，制播公益广告90条、电视标语120条，播放点歌600首，播出电视剧800多集。

1999年，县电视台播出电视新闻673篇，拍摄制作电视专题片18部，协助省电视台摄制一期《今日天柱》专题片，协助中央电视台摄制天柱专题宣传片。开设《今日天柱》专栏，国庆期间摄制9个行业的成就专题片。完成元旦联欢晚会、“电力杯”县情知识竞赛、“邮电杯”法律知识竞赛电视宣传工作。现场直播本县举办国庆50周年文艺晚会实况。

2000年，播出《天柱新闻》电视节目90期，采用稿件400篇，并固定每周一、三、五播出；开办《先锋颂》《乡村见闻》栏目，对先进典型进行专题报道；

制作《苗侗风情游》和《清水江古韵》两部民族风情旅游专题片参加全州评比展播，并获三等奖。

2001年，播出《天柱新闻》150期，采用电视新闻稿件1300篇；开办《先锋颂》《光辉的旗帜》《学习实践“三个代表”重要思想》《气象预报》《农村与卫生》《农民健康教育》等栏目。选送电视新闻到省、州电视台，被采用20条。

2002年，播出电视稿件1210篇；新开设《天柱这几年》专栏节目；10月至11月专题报道全县各行各业取得的建设成就和各级党委在党建工作中取得的新成绩与新经验。自办节目频道从6月份起作调整，增加儿童剧场、有线影院、影视大看台三个栏目，节目时间从原来6小时增加到12小时。

2003年，播出《天柱新闻》158期，采用稿件1650多篇。开办《聚焦抗击“非典”》《建设小康看乡镇》《法制天地》等专栏；制作播放《神秘天柱醉游人》《科技春潮涌侗乡》《希望之歌》等电视专题片8部；共播出专题新闻80多篇、典型报道63篇，向省、州电视台选送61篇，被采用52篇。

2004年，播出《天柱新闻》81期，采用稿件1200篇；制作播放《天堑变通途》等专题片，宣传典型报道70余篇；向省州电视台选送新闻98篇，被采用78篇；《神秘天柱醉游人》被州电视台评为电视专题片二等奖。县电视台首次联合周边县电视台对钢盐公司“3·28”活动晚会进行现场直播宣传；与州电视台合拍《擎天柱揽日月》专题片在州电视台和县电视台播出。

2005年，开办《永葆共产党员先进性》《我身边的共产党员》《回眸与展望》等30多个栏目，开辟《一句话新闻》《每周话题》两个固定专栏。播出各类新闻稿件298期1520篇。在黔东南电视台播发新闻稿件184条，在贵州电视台播发新闻稿件17条。

2006年，播出电视新闻1480条，同时被中央电视台采用1条，省电视台采用20条，州电视台采用210余条。

2007年，实现周一至周五每天一播，全年播出电视新闻1500余条（篇），同时被省电视台采用18条，州电视台采用230条。

2008年，县广播电视台开设《捐赈献爱心》《整脏治乱大家谈》《巾帼风采》《改革开放30年》等专栏，播出30多期；为宣传奥运圣火在黔东南州的传递活动，开设了《迎圣火，扬国威》专题栏目；全年共播出电视新闻2000余条，播出专题及访谈类节目 15 期，选送新闻被省、州电视台采用 200 余条。

2009 年，县电视台开设各种专栏 10 期，播出电视新闻 1800 余条，播出专访及访谈类节目 20 期，选送新闻被省、州电视台采用 220 条。

2010 年，共制播电视新闻 1516 条，送往州电视台播出 200 条，制播《科学发展观》《天柱二中创示》《争创省级双拥县》《争先创优》《和谐移民》等各类专题节目 28 期，制播《走进天柱》《一字千金》等各类栏目 14 期，播出电视剧近 3920 集、电影 500 多部，播出自办节目 5096 小时。

2011 年，播出新闻 1588 条，州电视台用稿 168 条（居全州前 5 名），省电视台用稿 18 条。

2012 年，播出新闻 2000 条，省电视台用稿 5 条，州电视台用稿 210 条（居全州第一）；《天柱政法》栏目制作播出 33 期，《身边事》栏目制作播出 9 期，播出《魅力天柱》36 期、《金山文苑》13 期、《关注生活》38 期、《校园之声》14 期、《音乐留声机》110 期。

2013 年，《天柱新闻》栏目共播出 1578 余条，摄制专题片 20 个，中央电视台采用 1 条、省电视台采用 4 条、新华网贵州频道采用 1 条、州电视台采用 145 条，用稿量居全州前列。选送 3 件作品在全州广播影视节目评奖活动中获二等奖，1 件广播作品在全省广播影视节目评奖活动中获奖。制作播出《魅力天柱》124 期。

2014 年，共编播新闻 1511 条，开辟了《党的群众路线教育实践活动》《道德讲堂》《平安天柱》系列专栏，制作专题片 18 个，主要涉及计生、文化、民生资金监管等方面，拍摄检察题材微电影《冰蛋糕》1 部，开设文化专栏《金山脚下》。州电视台采用新闻稿件 402 条，省电视台采用新闻稿件 21 条，中央电视台采用新闻稿件 2 条。

2015 年，共编播电视新闻栏目《天柱新闻》242 期，稿件 1452 条；广播栏目《天柱广播》120 期，稿件 985 条。《黔东南州新闻联播》采用 155 条，《黔东南州新闻广播》采用 168 条，《贵州省新闻联播》和《贵州省新闻广播》及《三农新闻》采用 55 条，中央电视台 13 频道《新闻 30 分》采用 2 条。播出《金山脚下》精品栏目 17 期；开辟了《学习党的十八大主题教育活动》《金山脚下》《党的群众路线》《平安天柱大家谈》《依法治县》《学习彭文荣》《多彩贵州文明行动》等栏目；拍摄制作了《天柱政法》《平安天柱》等电视专题片 28 个；拍摄制作了《天柱民中百年校史》电视宣传专题片；播出公告及公益广告210多个，标语180多条。

2016年，开辟了《精准扶贫在行动》《两学一做》《平安天柱建设》等系列专栏，并积极向上级媒体投稿，被上级新闻媒体采用稿件419条，其中州级媒体329条，省级媒体87条，国家级媒体3条。

2017年，实行《天柱新闻》日播制，每期时长10分钟以上，共播出各类新闻报道1527条；上传稿件被州电视台采用169条，省电视台采用16条，省广播电台采用68条，央视各频道采用10条。

2018年，开辟了《脱贫攻坚春风行为》《决胜脱贫攻坚》《新时代农民讲习所》《文明在行动满意在贵州》等系列专栏，共播出《天柱新闻》2000条。《天柱新闻》上传微信公众平台262期；协助完成《我在贵州等你》第三季外景拍摄工作；协助完成天柱县宣传片前期踩点和拍摄方案征求意见工作；协助州广播电视台完成对天柱县合约食堂典型经验宣传工作；上传稿件被《黔东南新闻联播》采用189条，被省级电视媒体采用12条，省广播电台采用62条，被国家级媒体采用5条。

第二节　开展群众文化活动

党的十七大报告指出："中华文化是中华民族生生不息、团结奋进的不竭动力。要全面认识祖国传统文化，取其精华，去其糟粕，使之于当代社会相适应、与现代文明相协调，保持民族性，体现时代性。"[①] 党的十九大报告又强调，"文化是一个国家、一个民族的灵魂。文化兴国运兴，文化强民族强。没有高度的文化自信，没有文化的繁荣兴盛，就没有中华民族的伟大复兴。要坚持中国特色社会主义文化发展道路，激发全民族文化创新创造活力，建设社会主义文化强国。"在党中央的正确方针指导下，天柱县在弘扬民族优秀文化工作中取得明显

① 中共中央文献研究室：《深入学习实践科学发展观活动领导干部学习文件汇编》，320页，北京，中央文献出版社、党建读物出版社，2008。

成果，文化创新工作逐步推进。

1956年，天柱县境内部分农村开始组建俱乐部、业余文艺演出队并开展活动。其中以高酿区的石洞、章寨两个俱乐部最为活跃，其活动内容是演唱山歌，演出歌舞和改编、排演传统戏剧。石洞俱乐部当时演出的保留节目有阳戏《小放牛》《盗菜》《吞丹斩狐》等数十出以及新编戏剧十余出。

1957年，农村俱乐部和业余文艺演出队发展迅速，活跃在乡村和农田基本建设工地。当年，渡白水利工程动工，文化馆派出干部到工地指挥部负责文艺宣传工作，在民工中组建14支业余文艺演出队，白天搜集好人好事等先进材料，晚上组织编写演唱资料并排练节目，每个星期六都举办文艺晚会，每月举行一次文艺演出大会。

1958年，全县有业余文艺组织124个。1959年，全州文艺汇演时，县文化馆组织石洞、章寨俱乐部组成一个队参加会演，演出的《劝嫂上民校》获一等奖，花灯舞《山中采茶忙》《四姐打菜》《姐妹赶场》获二等奖，侗戏《丙寅年》获三等奖。农民演员萧秋兰、龙兰江、刘春桃等被选入州代表队赴省演出，演唱的《姐妹赶场》等花灯歌曲由省电台录音广播。

1965年，全县有业余文艺组织524个，其中农村473个。每逢县内召开大型会议或重大节日，都抽调石洞、章寨俱乐部的业余农民演员到县城演出。20世纪60年代末至70年代中期，全县普遍演唱“样板戏”或其他节目，农村俱乐部亦改称文化室，活动逐渐减少，后来自行解散。

1970年，县文化馆组建文艺宣传队，除排演样板戏外，还自编自演部分歌剧、歌舞，并参加省、州调演和到全县各公社巡回演出。

1981年9月28—30日，天柱县在县城组织首次民族民间歌手调演，参加调演的侗族歌手15名，苗族歌手2名。

1991年，县文化馆举办全县美术、书法、摄影作品展4次，选送15幅作品参加全州职工作品展；10幅参加庆祝建党70周年作品展，入选参展7幅，获一等奖1幅，三等奖2幅。

1992年，在“五一”“五四”等节日期间，县文化系统联合主办全县歌咏大赛；组织侗族婚俗表演剧创作、排练，参与北京市朝阳区婚俗游园会；暑期举办30余人的美术培训班1期；组织编写《农村文艺演唱资料》并印发给农村文艺宣传队，文化馆派出40余人次辅导群众文艺活动；组织创作书画作品参加“湘黔两省七县民族联谊会”比赛并获奖。

1993年，在“五一”“五四”节日期间，县文化馆与县总工会联合举办大型文体活动。6月13日，与县教育局联合组织“争办2000年奥运”活动。12月26日为毛泽东诞辰100周年纪念日，县文化局配合有关单位组织全县文艺汇演，共有94个节目参演，评出一、二、三等奖共47个，特别奖1个、组织奖27个，优秀创作奖4个，优秀演员奖8名。

1994年，协助相关单位举办“九四春节龙灯会”；4月初配合县经委举办“天柱县首届兴工杯文体赛”；“六一”儿童节配合团县委举办“托起明天的太阳”文艺义演；配合有关单位组织远口龙舟赛；10月举办国庆晚会及第五届湘黔七县民族联谊会文艺演出；配合县教育局组织1994年全县中小学生文艺调演，此次调演演出节目128个，参演学生502人，评出一、二、三等奖共35个，演员优秀奖3个，节目创作奖3个，组织奖5个。

1995年，组织春节龙灯会、庆祝第四届世界妇女大会游园活动和文艺晚会；“五一”“五四”节与县矿管办组织“矿管杯”文艺调演；与有关单位组织“跨世纪的希望”文艺晚会、军民联欢晚会、纪念抗战胜利50周年歌咏赛等；配合县老年大学下乡巡回演出11场；举办“信用联社杯卡拉OK大奖赛”等。当年还组织“天柱县首届中学生文学大赛”；组织作品参加全州文艺创作评奖征稿活动；参加湘黔七县民族联谊会，参赛的书法、美术、摄影作品15件分别获一、二、三等奖和优秀奖。

1996年，配合有关单位先后开展“三八”妇女节文艺晚会、“红五月”活动、“老少同乐”文艺联欢晚会、“六月六”天柱县首届民歌大赛、“七一”歌颂党文化活动、8月送戏下乡、“国庆”天柱县首届少儿艺术节等文化活动。首届民歌大赛参赛歌手80名，观众达2万余人次。

1997年，县文化系统辅导并参加元旦、“三八”妇女节、“八一”建军节庆祝活动以及天柱二中“12·9”文艺晚会、香港人士捐赠“希望工程”联谊文艺演出、“普九”验收文艺晚会等活动，辅导业余文艺演出单位20多个，评出一、二、三等奖29个；两次民歌赛评出民歌手一、二、三等奖45名。

1998年，与县教育局组织“天柱县中小学生文艺汇演”；利用各种形式的艺术班辅导中小学生器乐与舞蹈，辅导人数逾千人次；全年送戏下乡 12 次，观众近 2 万人次；同时，元旦、春节、“五一”“七一”“迎澳门回归”、国庆的文艺演出活动开展得有声有色。

1999 年，县文广局牵头举行“纪念改革开放 20 周年”暨 99 元旦文艺晚会、99 年迎春文体活动、天柱县卡拉 OK 青年歌手大赛、金山笔会文艺晚会、国庆晚会、中秋文艺晚会、“帝豪杯”卡拉 OK 大赛等文艺演出活动，并辅导和培训文艺宣传队员 3000 余人次。

2000 年，先后组织开展春节文体联欢活动、灯谜活动、注溪首届春社活动、天柱县卡拉 OK 少年歌手大赛、迎接西部大开发国庆民族歌舞晚会。

2001 年，先后组织开展元宵卡拉 OK 大赛、天柱县综合治理卡拉 OK 大赛、中国共产党成立 80 周年文艺活动、国庆“月光”演唱会。辅导 37 个单位进行文艺演出，培训 3174 人次。

2002 年，县文工队参与凯里电力局文化下乡演出、凤城镇“六一”艺术节、远口龙舟活动、“七一‘党在我心中’”文艺晚会，中秋文艺晚会、国庆节腰鼓赛。为迎接中共十六大召开，县文工队组织文艺节目分别到注溪、渡马、杜学 3 个乡和坪地、高酿、石洞、蓝田 4 个镇演出。

2003 年，先后开展的活动有：正月初六北侗民歌擂主选拔赛、“天时利”杯卡拉 OK 大赛、抗击非典文艺演出、“七一‘歌盛世颂党恩’”文艺晚会和职工演讲赛、天柱县民族旅游经济研讨会文艺晚会，组织民歌代表队参加在黎平举办的全州侗歌会、“缅怀毛泽东，建设新天柱”文艺晚会、庆元旦迎新春文艺晚会等。

2004 年，开展“全球通”杯卡拉 OK 大奖赛、金风之声擂台赛、平安天柱文艺晚会、“七一‘颂党恩’”文艺晚会、国庆文艺晚会、邦洞“四月八”民歌节和坌处大冲细草坪龙舟赛与民歌节活动。

2005 年，组织辅导县电力公司参加州电力系统歌咏赛，《电力之歌》获一等奖，辅导个协舞蹈《骏马雄鹰》获三等奖；参与组织 10 余场县内文艺演出活动，并参与举办春节游艺活动、“五四”文艺晚会、“六二六”禁毒宣传演出，协助高酿镇政府在人民会场举行国庆歌舞文艺晚会，参与蓝田镇举办的油菜花节文艺演出，组织参加“多彩贵州”天柱赛区选拔赛以及其他文艺演出活动。

2006 年，全县举办的较大文艺演出活动有：邦洞“四月八民歌节”、高酿镇凸洞“土王节”“四十八寨三门塘歌会”等；全县配合参与“多彩贵州旅游形象大使天柱选拔赛”，其中30名选手参加台江分赛区决赛，4人进入贵州旅游形象天使决赛；建州50周年文艺演出中，天柱县选送的舞蹈节目《板凳龙》获一等奖；儿童歌手杨欣鑫荣获香港声乐国际大赛儿童组金奖；县文广局新创作了《花带舞》等文艺节目，其中舞蹈《花坡情》参加全省舞蹈大赛。

2007—2008年，除举办一年一度的传统民歌节外，先后组织参加建州51周年庆典活动；举办大型激情广场春节文艺活动、禁毒法制宣传大型文艺晚会、迎奥运庆“三八”健美操比赛、汶川地震赈灾募捐义演、改革开放辉煌30年专题文艺晚会等。

2009年，分别在石洞等乡镇举办庆祝“侗族大歌申遗成功‘百乡千村’万人唱侗歌”活动；组队参加“2009‘天下西江·银球茶杯’贵州省首届老年人苗歌侗歌大赛”获银奖；举办天柱县首届民族民间民歌大赛。

2010年，组织首届民族民歌大赛等内容丰富的春节文化活动，举办了蓝田油菜花节暨第六届民歌大赛、邦洞“四月八民歌节”、坌处“四十八寨民歌节”、瓮洞端午龙舟赛、注溪社节、渡马“七月二十坪”民族节等民族文化活动。充分利用春节、国庆节和其他各种节日，全面开展群众文化活动，共举办各类文艺演出40场，辅导150余人（次），积极组织、指导开展民族民间节日活动30余次，开展县级重大节日活动30场，科技、文化、卫生“三下乡”活动23场。

2011年，组织参加高酿凸洞土皇节、蓝田油菜花民族风情文化节、竹林阿婆坳、渡马二十坪、注溪社节、邦洞“四月八”歌节等民族节日文化活动达16场次。

2012年，对凤城北门的狮子队、高酿镇的月牙镗、蓝田镇的勾林、渡马乡的阳戏、注溪乡的溜溜歌等投入乡镇文化活动资金60余万元；组织和指导蓝田油菜花民族风情文化节、注溪社节、邦洞“四月八”歌节、坪地“六月六”歌节、渡马“七月二十坪”等民族节日文化活动10场次。

2013年，县文化馆主办了天柱县民族民间山歌传承培训班，来自各乡镇的215名民间山歌爱好者参加了培训活动；完成天柱县首批县级非遗传承人培训及颁发传承人证书工作；派员赴榕江参加侗年保护工作经验交流会暨专家论坛。天柱县人民政府下文，在高酿镇地良村建立“天柱民间民歌传承基地”。

2014年，完成春节激情广场系列文艺演出6场；承办了“天柱好声音”首届网络歌手大奖赛开幕启动仪式；辅导社区、文艺队的广场舞20余支；组队编排赴州参加民族健身操和民族健身舞比赛，荣获三等奖；努力打造广场舞活动品牌；完成全省第二届广场舞大赛的各项赛事工作，组队参加的节目《踏歌侗乡》《侗寨欢迎你》分别荣获一等奖、三等奖佳绩；举办民族健身操培训班；深入高酿、石洞、坪地、阳寨、渡马、优洞等地，送戏下乡演出10余场；组织参加贵州省首届"群文杯"剪纸艺术大赛（黔东南州）比赛，选送的作品《喜梅》荣获二等奖，县文化馆获组织奖；8月份组织学员参加黔东南州第三届"苗山侗水"少儿器乐大赛，荣获优秀组织奖；组织参加黔东南州首届职业街舞邀请赛；积极向省、州争取项目资金336万元，使县农村文化体育基础设施得到较大的改善；特别是整合各类资金35万元，建设地湖乡宣传文化中心，解决了地湖乡文化站无办公场所问题。

2015年，完成2015春节联欢晚会和元宵节晚会文艺演出；深入渡马、蓝田、邦洞和地湖开展送欢乐下基层活动10场；组织并筹划"2015年天柱县文化大舞台"系列活动，已完成了"湘黔四十八寨歌节"开幕式和全县舞蹈大赛、全县器乐大赛、民中百年校庆和文艺调演乡镇场活动；深入蓝田镇、坌处镇和老年大学开展文艺辅导工作20余次；积极组队参加全州激情广场舞大赛，荣获二等奖；积极组织合唱团参加纪念抗战胜利70周年全州合唱比赛；组织完成2015年全州少儿才艺大赛及少儿器乐考级选送工作，其中钢琴40人、架子鼓20人、古筝20人共80人；组织节目参加全省少儿艺术节黔东南赛区选拔赛；做好全国文化馆第四次评估定级验收迎检工作，开工建设润松和章寨村级文化活动广场。

2016年，完成春节期间系列文艺活动；完成送戏下乡活动12场次；组织开展州庆60周年系列庆祝活动、天柱县首届文化艺术节活动和文化大舞台系列活动；广场舞《踏歌侗乡》参加全国"欢跃四季"广场舞大赛进入西南赛区，冲出省际联动区，进入西南联动区进行展演，荣获全国文化馆协会颁发荣誉证书；组织注溪溜溜歌和高酿北侗山歌表演队伍60余人到上海参加国际少儿音乐节活动。

2017年，成功举办了县春节联欢晚会、元宵节晚会等春节系列文化活动，配合县直各部门抓好各大系统专场文艺晚会和全县性的专题文艺晚会，做好春节送戏下乡、理论大篷车下乡演出活动，各个节日举办了相应的主题活动并获得了不错的反响；舞蹈《竹筒声声》《侗乡摇篮》参加贵州省素质教育成果展比赛，分别获二等奖，《侗乡摇篮》参加海外“桃李杯”第七届国际舞蹈大赛，获贵州省地区金奖，并获得第十一届“海峡两岸四地青少年艺术节”育才成果奖。舞蹈《斗雀》赴福州参加旅游宣传暨招商推介活动的文艺演出；联合北京开办中国民族民间舞师资培训班，所有学员全部通过了考试；建成江东镇江东村等9个村级综合文化服务中心。

2018年，开展送戏下乡21场；开展2018年天柱县“文化大舞台”系列活动，开展了注溪社节、邦洞“四月八”耕牛节、四十八寨歌节开幕式、全县知名幼儿园文艺汇演、远口龙舟赛豆腐节、庆祝改革开放40周年文艺汇演等活动；做好文化馆免费开放工作，共开展文艺辅导500人次。舞蹈《踏歌侗乡》在贵阳举行的全国民族舞蹈服饰模特合唱交流汇演中获地方特色金奖。

第三节 开展文物普查和保护工作

1986年8月，天柱县人民政府下文成立天柱县文物管理领导小组，组长为秦旭，有关单位领导5人为成员，办公室设在县文化馆。1989年5月，成立天柱县文物管理所，由文化馆调配1人兼负责人，1人兼工作员。

1984年8月27日，天柱县人民政府发布《关于保护历史古迹的通告》，列入县级文物保护单位的有20处，具体为：

古遗址3处：九龙山咸同农民起义遗址（1982年6月列为省级文物保护单位）、汶溪所遗址、龙塘县城遗址。

古建筑4处：杨柳龙王阁、平甫青龙阁、三门塘刘家祠、硝洞风雨桥。

纪念建筑物4处：烈士陵园、天柱飞机场、社学碉堡、高酿碉堡。

石碑石刻2处：“黔东第一关”石碑、三星岩石刻。

风景胜地5处：金凤山、石柱岩、龙王井、钟鼓洞、狮子口。

珍树古木2处：金凤山老银杏、阳寨乡杉木王。

1995年4月23日，县人民政府公布了天柱县第二批文物保护单位，共计11处，并同时发布了《关于保护历史文物古迹的通告》。

1997年5月19日，县人民政府批转《关于加强我县文物工作的报告》。要求将文物工作纳入县域经济发展计划，纳入城建规划，纳入财政预算，纳入体制改革，纳入领导责任，保护各级文物保护单位，支持文物考古和文物普查。

1996—2002年，通过县文物管理所7年的文物普查，县人民政府于2002年6月21日公布了第三批县级文物保护单位共76处。

2003年6月，县人民政府公布了第四批县级文物保护单位共20处。

2004年8月下旬至9月20日，县文物管理所与省考古研究所5人，从瓮洞镇金紫村沿清水江至坌处镇清浪村进行地上地下文物调查，测绘地面遗址32处，发现新石器时代遗址白市烂草坪、仙人洞，江东乡江东村油榨溪口，远口坡脚村、月山背5处；宋元遗址白市盘塘、远口中团村中寨、中团村下寨、原鸬鹚中学所在地4处。采集陶片300余片，打制石器20多件，磨制石器5件，打烂草坪16个探眼，在坡脚村大坪头掘4米×4米探方1处，发现古人类活动的灰堆及生活遗存物和窝棚柱础4个，并搜集清水江淘金出水的战国时代青铜器（金、钺、斧）7件。这次考古调查，填补了贵州省东部考古空白，将天柱境内有人类活动历史上溯至7000年前。

2005年，申报第四批省级文物保护单位保护范围及建筑控制地带划定方案。

2006年6月6日，贵州省人民政府公布了第四批省级文物保护单位，天柱县的“三门塘古建筑群”和“王天培王天锡故居”列入省级文物保护单位。

2006年，相继对吴绍周、吴绍文兄弟故居，周竹铭故居，王天培、王天锡兄弟故居等文物保护单位采取摄像摄影、文字录入等手段，收集资料加以整理；撰写《北侗第一村三门塘》《苗家古寨抱塘》等州人民政府首批公布的6个民族村寨文字资料1.5万余字；配合白市电站建设做好清水江古人类遗址的考古发掘和资料整理，竖立文物保护单位标志牌7通。

2007—2009年，开展第三次全国文物普查，全县共登录不可移动文物329处，其中新发现167处，消失14处。

2009年，协助省考古所和四川大学考古系师生组成的考古队在清水江天柱段白市电站淹没区进行考古发掘，在远口坡脚村、月山背、六池、中团等地发现了新石器遗址、战国墓葬、宋元窑址等多处古代遗址，出土了新石器时代石器、新石器时代至唐代陶片、宋元瓷器、玉璧等文物1万余件，填补了天柱县考古史上的空白，也填补了黔东南地区大规模考古的空白；白市烂草坪、制材厂、盘塘、江东油榨溪等地也发现新石器遗址、宋代墓葬、宋明窑址，出土大量的打制石器、磨制石器、新石器陶片、宋明瓷器，共计 1.3 万余件。

2013 年，三门塘古建筑群列入全国第七批重点文物保护单位。

2014 年，完成坌处王氏宗祠搬迁重建工程量的 95%；完成全国第一次可移动文物普查第二阶段工作，初步确认文物 231 件，数量 1813 件，上报 151 件，数据录入完成 80%。

2015 年，完成全国第一次可移动文物普查第二阶段工作，完成信息数据录入工作；完成三门塘古建筑群安防工程、消防工程、白蚁防治工程立项文本制作和申报；继续做好托口电站江东杨氏宗祠搬迁新址的协调跟踪工作；完成三星岩摩崖石刻的抢险加固工程；完成王天培、王天锡故居周边环境整治项目申报文本和三门塘重大险情调查情况的文本上报工作；完成国家文物局重点文物保护专项补助资金的网上填报工作；做好县内老厂房、老办公楼等近现代历史建筑补查工作；抱塘古建筑群和客寨吴绍周故居升级为省级文物保护单位；完成坌处王氏宗祠和远口吴氏宗祠竣工验收工作。

2016 年，完成天柱县博物馆向省州文物部门备案注册工作；完成石洞镇九龙山咸同农民起义遗址步道修缮工程与王天培、王天锡故居围墙修缮工程；争取 472 万元资金对国家级文物保护单位三门塘古建筑群进行维修保护；加强文物和非遗档案管理与建设。

2017 年，开展三门塘古建筑群王氏宗祠修缮工程和南岳庙修缮工程、三门塘古建筑群保护规划编制、江东杨氏宗祠迁移工程、凤城吴绍文故居和王天敏故居实施抢救性维护等文物保护工程。获得省人民政府“全国第一次可移动文物普查先进集体”表彰。

2018 年，实施三门塘古建筑群消防工程，已完成招投标，6 月 25 日正式施工，完成蓄水池建设，开始埋消防管网；实施三门塘古建筑群防雷工程，完成设计方案备案，准备启动施工招投标工作；成功申报三门塘古建筑群白蚁防治工程，并启动方案编制工作；配合县旅游公司实施三门塘古建筑群文物保护利用基础设施建设项目和县水务局实施污水处理厂及其管网配套设施建设项目，保证文物及其历史风貌不受破坏，并得到有效利用。

第四节　非物质文化遗产普查与保护

天柱县非物质文化遗产的保护与申报工作始于2005年。当年，县人民政府申报的非物质文化遗产代表作名录有：北侗夜歌、侗族勾林、高酿老海月牙镗、天柱阳戏、四十八寨歌场、北侗婚俗、注溪社节共7个。公布为省级和州级非物质文化遗产名录的有四十八寨歌场、蓝田勾林和老海月牙镗及注溪社节。

2006年，县文化馆干部深入三门塘、石洞、注溪、蓝田收集濒临失传的三门塘侗族婚俗、高酿凸洞侗歌、上刀梯、踩犁铧等民族风情、民风民俗素材的文字、音乐、图片资料，挖掘和整理优秀传统文化。当年11月，县人民政府批准北侗婚俗、石洞槐寨大斗笠、远口发豆腐、侗族无语言贸易等35个代表作作为首批公布的县级非物质文化遗产名录，其中选出9个作为州级以上名录申报。

2007年，完成38个首批公布县级非物质文化遗产名录，同时选出“北侗地区歌会”“天柱阳戏”等6个名录作为国家级项目申报。

2008年，共普查、收集、整理非物质文化遗产各类项目40个，调查报告文字资料40多篇，并通过省、州检查验收，为下一步申遗提供了第一手翔实资料。

2009年，全面完成非物质文化遗产普查验收。在普查中，共走访传承人150人，记录文字22万字，拍摄图片1456张，录音152小时，登记实物13件，建立文字资料15册，音像资料50盒，电子资料92件。通过普查，建立36个非物质文化遗产项目库。当年申报6个第三批非物质文化遗产名录项目中，4个获州级保护名录，2个获省级保护目录；“稻鱼并作习俗”“北部侗族四十八寨歌会”“侗族玩山歌”被省申报参加第三批国家级非遗名录；公布县级传承人16人，4人为州级优秀传承人。

2011年，“四十八寨歌节”进入第三批国家级非物质文化遗产代表性项目名录。

2014年注溪山歌、天柱浮雕彩绘技艺列入第四批省级非物质文化遗产代表性目录。举办了全县县级以上传承人培训班两期；完善了第四批州级非物质文化遗产项目材料的申报工作，经过州级专家认真评审，天柱县已有3个项目进入州级名录；开展了第二批县级代表性传承人的申报、确认工作；启动国家级项目“四十八寨歌节”的数字化建设工作；挂牌“阿婆坳歌场”等5处传承基地。上半年投入7.5万元，在“四十八寨歌节”传承地的新寨细界花园歌场修建了一个山歌表演台和两个风雨亭；争取到国家级非遗资金70万用于“四十八寨歌节”的传承保护，争取到省级非遗资金20万元用于北部侗族方言传承保护；完成2014—2016年度贵州省民间文化艺术之乡申报工作，竹林乡和渡马乡分别被命名为贵州省民间文化艺术之乡；三门塘、抱塘分别被评为“黔东南州十佳民族村寨”；注溪山歌、天柱宗祠浮雕彩绘技艺列入第四批省级非物质文化遗产代表目录；组织天柱县音乐舞蹈家协会走进四十八寨民俗民间艺术采风活动；成功申报2014年度天柱民间艺人歌师、工艺师37人参加评定工作。

2015年，成功申报3个州级、2个省级非遗名录；成功推荐申报2015年度民间歌师37名；完成天柱县非物质文化遗产生产性保护示范基地和非遗传承保护教育示范基地的申报工作；开展非物质文化遗产项目及传承人档案管理，逐步建立有序、统一的文、图、音、像“四位一体”立体性非物质文化遗产档案；开展全国第10个文化遗产日宣传活动以及非遗摄影展、百名非遗传承人业务培训等活动。

2016年，建成天柱县非遗展示馆并于6月份开馆；组织非遗传承人73人开展业务培训会；对6个非遗示范村和10个传承传习基地进行了挂牌；12月8日，邀请了湖南靖州和贵州锦屏县及天柱县的21位非遗传承人与学术专家召开“四十八寨歌节”传承保护座谈会，畅谈四十八寨歌节保护传承之路，为四十八寨歌节下一步的工作走向提供了指导性意见；组织13位民间歌师参加2016年度民间艺人职称申报工作。

2017年，组织开展第五批县级非遗传承人和2017年度民间艺人职称申报工作，《天柱文化遗产》首刊完成编辑印刷出版等工作，得到上级部门的肯定。

2018年，举办了“侗族花架闹新春”“板凳群龙贺新岁”“侗族大戏闹元宵”“四十八寨歌节开幕式暨民歌大赛”“社饭飘香·大美注溪”等民族文化活动。利用文化与自然遗产日，完成了“百米长廊，千人对歌”侃堂比赛、“民间草编艺人技艺大赛”、“多彩非遗美好生活”非遗图片展、“天柱侗家腌菜系列特色美食展”等丰富多彩的活动。积极完成民族文化生态保护区经费申报，获保护经费29万元。向省文化厅申报侗族刺绣传承人培训经费10万元，组织60位侗族刺绣传承人于2018年8月4—10日开展培训工作；成功申报大戏、滚山节等5个非遗项目进入第五批州级非物质文化遗产代表性项目。

2019年，侗族武术、侗戏进入贵州省第五批非物质文化遗产代表性目录。

第五章　大力发展教育　提升民族素质

天柱素有贵州省的文化教育县之称，重教兴学源远流长。改革开放以来，天柱教育得到进一步发展。1985 年全县基本扫除青壮年文盲，成为全省第一个无盲县，1986 年普及初等教育，1992 年实现高标准扫除青壮年文盲，1998 年基本普及九年义务教育、基本扫除青壮年文盲达到国家标准，2001 年通过省人民政府的“两基”复查和“普实”验收，2002 年荣获“全省文化先进县”称号，2003 年荣获“全省科技进步先进县”称号。目前，天柱县已形成了以基础教育为主体，幼儿教育、中小学教育、成人教育、职业教育协调发展的教育体系，教育事业得到了长足的发展。

截至 2019 年底，全县共有学校 244 所（含教学点 42 所），在校生 65810 人，其中，普通高中 3 所，在校学生 6334 人；中等职业技术学校 1 所，在校学生 2418 人；特殊教育学校 1 所，在校学生 141 人，送教上门 110 人；普通初中 12 所，初中在校生 13039 人；小学 90 所（含教学点 42 所），小学在校生 29845 人；幼儿园 137 所（含民办 69 所），在园幼儿 13923 人。九年义务教育巩固率 103.76%，高中毛入学率 90.9%，幼儿园三年毛入学率 86.73%。

第一节　天柱的学前教育与小学教育

中华人民共和国成立以来，天柱县就很重视学前教育，在办好县示范幼儿园的基础上，鼓励民间投资幼儿教育，加快乡镇中心幼儿教育基地建设，力争每个乡镇建立一所幼儿教育基地。

一、学前教育

1952年，中央人民政府颁布《幼儿园暂行规程》，改幼稚园为幼儿园，规定幼儿园的学制、课程及领导机构，使幼儿教育得到进一步重视。当年，天柱县城关小学开办幼儿园1班，入园幼儿50人，后因设备及师资力量不具备而停办。1956年，天柱县人民委员会贯彻《1956—1957年全国农业发展纲要（草案）》，制定了幼儿教育发展规划。1957年，在城关镇开办农民幼儿园，按城区分八一片（现盐业公司旁）、老东片（原老街）、水东片（肖家坪）、民新片（现武装部坎脚），每片设大班、小班各1班，入园幼儿250人，教养员12人。当年夏天，天柱县人民委员会创办机关托儿所，入托儿童20人。

1958年，在“大跃进”的形势下，全民“大炼钢铁”“大搞深耕”，县人民委员会要求按照“勤俭办园、群众办园”的方针，提倡大办托儿所、幼儿园，把老年妇女组织起来担任保育工作。与此同时，天柱县文教科举办机关幼儿园，入园儿童20多人。1959年上半年，天柱与锦屏并县，把上述机关幼儿园和托儿所合办，园址设原地，县人民委员会拨专款添置床位、被套、桌椅、炊具及玩具。幼儿教养实行寄宿制，吃住在园。部分实行整日制，早上入园，晚上接回家。按年龄分大、中、小三班，有幼儿50多人，保育员5人。1960年，天柱协作区举办幼儿园4所，在园儿童189人，教养员13人。此外，三合街、岩寨、雷寨办起幼儿园和托儿所各1所，入园幼儿共169人（其中孤儿41人），教养员8人。当年下半年，由于国民经济发生严重困难，农村托儿所、幼儿园（院）及机关幼儿园停办。

1964年，国民经济好转后，机关幼儿园得以恢复，负责人及教养员共7人，设中、小两班，幼儿60多人。1968年停办。

1978年，中共十一届三中全会后，党和人民政府提出要加强儿童学前教育，提早发展儿童智力，天柱县幼教事业获得新的发展。1980年，县教育局选择条件较好的区乡完小附设学前班，招收6岁的儿童入学。全县6个区有19所小学附设学前班，入班幼儿945人，专任教师19人。1983年，县妇联开办机关幼儿园1所，共4个班，入园幼儿180人，教职工15人。

据1984—1990年统计，农村民办幼儿园3所7个班，在园儿童83人，教养员 7 人；个体办幼儿园 3 所 7 个班，入园幼儿 236 人，教养员 18 人；民族中学工会举办幼托 1 个班，入托幼儿 35 人，保育员 3 人。

天柱县贯彻“两条腿走路”的办园方针，提倡公办、集体办、个体办，统一在党政领导下由妇联主管。1989 年，县人民政府根据国务院 1987 年 10 月转发国家教委、国家计委、卫生部、劳动人事部、财政部、建设部、轻工业部、畜牧部《关于明确幼儿教育事业领导管理职责分工的指示》，明确县教育局管理幼儿教育事业，县教育局指定教研（员）高远梅兼做幼教工作。1990 年，全县各区、乡完小的学前班 22 个，入班幼儿 1286 人；民办幼儿园 3 所，入园幼儿 143 人。由于坚持“两条腿走路”的方针，天柱县幼教事业初见成效。

1991 年以后，县人民政府积极巩固县示范幼儿园的发展，在人力、财力、物力等方面给予支持，使其规模进一步扩大，办园条件不断改善。1994 年，“两基”工作“1375”工程启动，为保证九年义务教育的顺利实施，县人民政府进一步规范了幼儿园的管理。至 2000 年，全县有示范幼儿园、苗苗幼儿园和保险公司幼儿园，这些幼儿园均设在县城。

2001 年，国家颁布《中华人民共和国民办教育促进法》，为幼儿教育创造了发展机遇。县人民政府陆续出台办园优惠政策，鼓励社会力量创办幼儿园。2001—2004 年，通过个人创办、集体联办、办校中园等形式在全县铺开。县城相继有芳草地幼儿园、新世纪幼儿园、凤城幼教中心、蓝天幼儿园等。2006—2009 年，全县幼儿园数量分别为 14、13、15、15 所；在园幼儿分别为 2253、2991、3207、3207 人。

后来，随着幼儿办学条件的不断改善，开始设置学前班。学前班主要由条件较好的幼儿园和全日制完小承办，招收 5—6 周岁儿童进行学前教育，一年以后进入小学一年级。1991—1998 年，全县有 8 所幼儿园、86 所乡镇（村）完小办有学前班。1999 年，学前班班数达 96 个，在班幼儿达 3200 余人。2000 年后，人口出生数逐年降低，至 2009 年，在班幼儿降至 1800 余人。

2010 年，天柱县开始规范幼儿教育，在乡村开设幼儿园，当年全县幼儿园 20 所，在园幼儿 3819 人。

2014 年，天柱县扎实推进学前教育三年提升计划，重点建设好 16 个乡镇中心幼儿园，实现了 6 个集团化学前教育管理模式。当年完成投资 4 所乡镇中心幼儿园的建设任务。全县幼儿园园数 34 所，244 个班。

2018 年，天柱县共有幼儿园 142 所，在园幼儿 15205 人，教职工 1413 人，专任教师 721 人。

二、小学教育

1950 年，土匪盘踞广大农村，天柱县人民政府仅能在城区附近 16 个保（后改为村）中，接管公、私立完小 2 所，国民学校 20 所，教师 72 人，学生 1159 人。1951 年元月，匪患平息，文教工作由中心区逐渐发展到边缘区。工作重点是贯彻“整顿、巩固、充实、提高”的文教方针。在反封建斗争中，为适应人民群众的需要，正式建立乡村初级小学 96 所，完全小学 14 所。下半年，全县乡村小学增加到 115 所，学生有 15588 人，教员 373 人。在接管学校工作中，县委、县人民政府采取“维持现状，逐步改造”的政策，对原有的教员（除反革命分子外）一律留用，争取多数回校任教。同时，有计划、有步骤地在教员中进行党的路线、方针、政策的教育，使广大教员逐步树立为人民服务的人生观，忠诚党的教育事业。

1953—1957 年，县人民政府对旧学校继续进行整顿和改造，废除旧的教育方针，执行新民主主义教育宗旨：“小学实施智育、德育、体育、美育的全面发展。”从 1952 年下半年开始，按国务院《关于改革学制的决定》，在城关小学试行五年一贯制的学制改革实验，然后向邦洞、蓝田、高酿、石洞、白市、远口等完小推广，废除《公民》教材及童子军和军训等课程，开设社会发展史课程和新民主主义政治课。在教学方法上废除填鸭式和注入式的教学法，提倡启发式。学习苏联教学经验，理论与实际相结合，在管理上，废除打骂教育制度，实行民主管理。

天柱县政府重视教育的投资，并规定“学校必须向工农开门，招收学生不受年龄限制”。饱受旧社会没有文化痛苦的侗族、苗族人民，经济条件不断改善，纷纷送子女入学，全县各小学的超龄生占 60%。汉寨（石洞）民族小学，在 414 名学生中，7—12 岁学龄生仅有 99 人，出现夫妻同班，叔侄同校，不少童养媳挣脱封建枷锁，也入校读书。这时期小学教育一直稳步向上，教学质量相应提高。据 1956 年统计，全县有小学 159 所，在校生 2447 人。

1958 年 5 月，中共八届二次会议制定“鼓足干劲、力争上游，多快好省地建设社会主义”的总路线，全县教育战线出现“大跃进”局面，掀起群众办学热潮，普及小学教育。1958 年底，小学校总数从 1957 年的 154 所增加到 176 所，学生由 23616 人增加到 30808 人，入学率达 82.7%。

1959 年下半年，县内开始对学校进行调整。1961 年，在贯彻国民经济“调整、巩固、充实、提高”八字方针时，进一步对学校进行压缩。全县小学数自 1959 年起到 1962 年逐年下降，1962 年仅有小学 128 所，在校生 10701 人，学龄儿童入学率 49.9%，教师由 1959 年的 879 人下降到 485 人，绝大部分民办小学处于停办状态。

1963 年，国民经济好转，全县教育事业又得到恢复和发展。1965 年，小学在校生由 1963 年的 14536 人增加到 27545 人。在农村兴办适合农村特点的耕读小学 214 所，学生 3926 人。全县小学入学率达 81.6%.

1966 年“文化大革命”开始后，下半年全县学校处于停顿状态。1967 年 3 月，各地小学陆续复课。

1968 年 11 月 16 日，《人民日报》发表山东马集小学两位教师的封信，建议所有（农村）公办小学下放到大队来办，国家不再投资或少投资小学教育经费；教师不再发工资，改为大队记工分。天柱县于 11 月 24 日，将全县 91 所农村公办小学下放到大队去办，城镇小学下放到街道去办，教师回本大队小学任教。有的大队教师过剩，未受聘的则改行或从事农业生产。这时期学校减少 27 所，学生由 1966 年的 29455 人减少到 18456 人，教师由 961 人减到 921 人。

1971 年，天柱县革命委员会贯彻《全国教育工作会议纪要》精神，按照“读小学不出队，读初中不出社，读高中不出区”的指示，采取“先上马，后配鞍”的办法，普及小学教育，发展中等教育。1976 年达到高潮，有 124 所小学附设初中班，其中有 10 所戴高中、初中双帽。小学由 1970 年的 257 所增加到 461 所，在校生由 24806 人增加到 47281 人。全县学龄儿童入学率达 85%。

1977 年以后，小学教育逐步走向正轨。天柱县革委会把普及初等教育列入教育奠基工程。1978 年，中共贵州省委要求在一年左右的时间里把学校整顿好，认真落实知识分子政策，建立合理的规章制度，恢复正常的教学秩序。

1980年，天柱县调整教育内部结构，确定城关镇第二小学为重点学校。撤销城关一、二小和区完小的戴帽初中，把相邻或条件差的民办小学合并，把原有的426所小学压缩为359所；原附设初中班的小学只保留23所，集中办成13所初级中学。在注意发展和普及的同时，集中力量办好45所区、乡中心完小。原任初中课程的教师调回到小学，撤销区、公社、大队各级“教育革命委员会”，并将学校管理权收归县教育局。经县委批准，任命小学校长12人，副校长18人，正、副教导主任57人。

1982年，整顿民办小学教师队伍。全县原有民办教师1273人，辞退256名，招聘81名知识青年充实民办教师队伍，将10名优秀的民办教师转为公办，调整后计有民办教师1096人。

1983年，全县有学龄儿童39619人，已入学37519人，入学率达94.5%，年巩固率97%，全县有38个乡（镇）的308个队有1/3达到或接近普及教育水平。

1984年4月，县教育局根据不同地区、不同经济文化基础，将全县315个村分列三类，拟定《天柱县普及初等教育规划》，分类指导。设置区、乡教育管理机构，负责拟定区、乡实现普及初等教育规划和建设规划，采取措施，如期实现。1985年10月，县教育局建立天柱县初等教育档案。

1986年5月，全县在渡马乡进行普及教育验收试点，培养干部，总结经验。6—7月，由各学区配合区、乡干部全面自检。据1986年7月统计，全县入学率达91.3%，巩固率97.1%，毕业率91%，普及率93.6%；危房面积20574平方米，占校舍总面积的10%。7月，县委、县人民政府召开“天柱县教育工作会议”，研讨提高“四率”和改善办学条件的措施。各区、乡、村党政领导及学校教师发动群众献工献料，动员家长送适龄儿童入学。11月初，县人民政府验收小组分赴各区检查验收，结果为：入学率94.7%，巩固率96.9%，毕业率87.5%，普及率92.1%；小学校舍总面积135257平方米，其中危房面积下降到4637平方米，占校舍总面积的3.4%，已基本达到省政府提出的“四率”“五条件”的普及标准，通过省、州验收团的检查验收，成为全省第二批普及初等教育县之一。

1988年，在深化教育改革中，继续抓基础教育，完善普及后的巩固与提高工作，确保适龄入学率。首先，对1986年验收时的学龄儿童登记簿和各种学籍卡片进行清理，凡遗漏者要补办。每学年初各校招生，采取分片包干，责任到人，动员适龄儿童入学。没有报名的儿童，教师登门拜访，务必使家长送子女读书。学年末，检查在校生情况，做好学额的巩固。其次，民族地区经济薄弱，女童入学率低，县教育局采取以下措施：对女童在经济上给予照顾，减免学杂费；要求乡、村干部及教师带头送女孩子入学；对女学生的升学，降低分数线加以照顾，提高女生的升学率。11月，县人民政府组织人力对普及教育进行交叉检查，全县学龄儿童入学率达95.66%，巩固率98.2%，毕业率96.4%，普及率94.6%，比验收时入学率提高0.96%，普及率提高2.75%，巩固率提高1.3%，毕业率提高8.9%。到1989年，全县有小学282所（含教学点），学生51476人；教师1790人（其中民办775人）。

1990年，贯彻落实九年义务教育，每学期开始均派员到各教育视导区对“四率”进行检查和督促，协助公、民办教师深入村寨发动适龄儿童入学，动员辍学儿童回校，使入学率、巩固率和普及率进一步巩固和提高。为使毕业率达标，采取强化管理，实行“保证时间，巩固学额，增强职责，提高质量”的做法。据1990年底统计，入学率达96%，普及率达95%，比1988年分别提高了0.4%和0.3%。巩固率、毕业率也相应得到提高。据同年7月第四次人口普查统计，全县335832人口中，有小学文化程度的234486人，占69.82%。在每千人口中，具有小学文化程度的658.98人，而1964年第二次人口普查，全县有小学文化程度的63882人，每千人口中为328.37人，两相比较，1990年增加了1倍。

1991年，小学教育继续贯彻《中华人民共和国义务教育法》，巩固和发展普及成果，全面提高教育教学质量。当年，全县有小学322所，其中公办221所，民办101所，在校学生5.13万人。

1992年，全县各乡镇设立教育辅导站，负责指导和管理乡镇的教育教学工作。1993年，进一步深化教育改革，落实学生“减负”问题，在一定程度上克服了片面追求升学率的倾向，开展了“面向全体学生，推行素质教育”的讨论。

1994年，县人民政府启动“1375”工程，即“两基”工程（基本普及九年义务教育、基本扫除青壮年文盲）。全县各级人民政府、各职能部门认真履行职责，在人力、物力和财力上对教育给予倾斜，仅用4年多的时间，各类小学的办学条件得到较大的改善。大型完小完成了“六个一”工程建设（即一个校门、一个厕所、一个篮球场、一条50米跑道、一副单双杠、一副乒乓球台），基础教育得到进一步加强。

1995—1998年，16个乡镇相继实现“两基”目标。1998年，省人民政府派员对天柱县的“两基”工作进行验收，合格达标。1999年以后，小学教育重点是巩固“两基”验收成果，普及实验教学。县教育局制定巩固提高“两基”实施方案，各乡镇教育辅导站组织实施，做好“控辍保学”工作。

2000年6月，县教育局出台小学布局调整方案。方案对学校布点要求、学校规模及班额、当年调整目标等作了明确规定。至年底，完成了各乡镇小学布局的调整。

凤城镇。初小调为教学点2个，即团结小学（三、四年级并入岩寨小学）、隆寨小学（三、四年级并入润松小学）。

社学乡。撤销教学点4个，即芹香教学点（学生并入社学小学）、芭蕉教学点（学生并入塘仁小学）、茶溪教学点（学生并入塘仁小学）、田冲教学点（学生并入小江小学）。

渡马乡。完小调为初小1所，即共和小学（五、六年级学生分流到桥坪、渡马小学）。初小调为教学点3所，即新民小学（三、四年级并入渡马小学）、江东小学（三、四年级并入龙盘小学）、湾场小学（三、四年级并入渡马小学）。撤销初小1所，即野田初小（学生并入共和小学）。

邦洞镇。附中调为完小1所，即三团附中（学生并入邦洞中学）。撤销教学点1个，即圭勺教学点（学生并入鱼塘小学）。

坪地镇。完小调为初小1所，即高车小学（五、六年级并入开发小学）。

蓝田镇。完小调为初小3所，即塘干小学（五、六年级并入三合小学）、稳江小学（五、六年级分流到碧雅、公闪小学）、贡溪小学（五、六年级并入三合小学）。初小调为教学点3所，即楞寨初小（三、四年级并入蓝田小学）、都甫初小（三、四年级并入蓝田小学）、杞寨初小（三、四年级并入寨头小学）。

瓮洞镇。完小调为初小5所，即梭坪小学、玉树小学、中柳小学、金紫小学（五、六年级并入院洞小学）、聚溪小学（五、六年级并入大段小学）。初小调为教学点3所，即皮冲初小（四年级并入大段小学）、关上初小（三、四年级并入玉树小学）、上柳初小（四年级并入中柳小学）。撤销同心、分水两个教学点，学生并入金紫小学。

远口镇。完小调为初小3所，调为教学点1所，即坡脚小学、中团小学（五、六年级并入六池小学）、重兴小学（五、六年级并入广溪小学）和新市小学（三至六年级并入远口小学）。初小调为教学点1所，即农林小学（三、四年级并入远口小学）。撤销月山、么山、会田教学点，学生分别并入远口、安架和元田小学。

地湖乡。调岩古完小为初小，五、六年级并入地湖小学。调水兴初小为教学点，三、四年级并入地湖小学。

竹林乡。调龙塘、菜溪完小为初小，六年级分别并入新寨小学和地坌小学。花里小学保留初小，五年级并入杨家小学，保留双溪教学点，三年级并入杨家小学。

坌处镇。在上年度调整的基础上，教学班不足25人的，在9所学校16个班级实施复式教学，减少班级6个、减少教师17人。

高酿镇。调春花完小为初小，五、六年级并入高酿小学。调地引初小为教学点，四年级并入邦寨小学。保留来溪教学点，三年级并入高酿小学。

石洞镇。调汉寨完小为初小，五、六年级并入石洞小学。调屯集初小为教学点，三、四年级并入空中小学。撤销平甲、里翁、计同教学点，学生分别并入冲敏小学、柳寨小学和汉寨小学。

白市镇。撤销白市二小，学生并入白市小学。

2002—2003年，县教育局继续进行学校布局调整，全县小学由原来的322所，通过撤并调整为197所，其中完小83所，初小43所，教学点62个，九年制学校9所。民办小学至此全部撤销。

2004年，天柱县通过加大巩固“两基”工作力度，采取一系列措施“控辍保学”，全年小学辍学率为0.86%。

2005—2008年，各级中小学在天柱县委、政府领导下，认真贯彻国家新颁布实施的义务教育法，认真落实“两免一补”政策，以普教带动特教，使残疾儿童入学率达到了80%以上，全县九年制义务教育普及率达到99%以上。认真抓好教学改革，加强教师队伍建设。充分利用远程教育设备，组织学生参加社会各种有益活动，推进学校素质教育。全县小学三年级以上已全部开设小学英语课程。大力推行校长负责制、教职工聘用制、岗位职责制、结构工资制和目标管理制的“四制一目标”管理体制，教育质量进一步提高。截至2009年底，全县共有小学校177所，在校小学生28957人，专任教师1701人。

2010年，全县共有普通小学57所，在校学生24804人，小学学龄儿童入学率73.98%。

2014年，全县共有小学113所（含教学点59所），在校生22196人。

此后，不断优化教学点布局，对一些学校进行了撤并，至2018年，全县共有小学98所（含教学点50所），在校生28385人。

第二节　天柱的中学教育

1950年，镇远专员公署文教科委派杨永惕接收天柱县立中学，筹备成立省立中学。杨永惕遂同天柱县人民政府组织天柱县中等学校整编委员会，整顿境内中等学校。学校整编委员会召集天柱中学、省立师范的教职员座谈，决定把停办的省立师范与县中学合并。5月份正式恢复天柱县中学，随即通知学生复课。后因匪患严重，到校注册学生仅152人，教职工12人，期终考试只有105人参加。

1951年2月，匪患平息，天柱县中等学校整编委员会函送天柱中学移交清册4份，正式接管。2月20日，招收插班生142名。3月5日开学，设9个班，学生455名。杨永惕任副校长，龙耀璜任教导主任，教职工24人。1952年，全县中学只有天柱中学1所，高、初中共11个班，在校生546人，教职员34人。暑假，全体教师在贵阳参加全省中等学校教职员思想改造运动。1953年3月，天柱中学经省教育厅批准，改为民族中学，学生享受民族助学金。

1956年，增建白市中学，招收初中生200人，设4个班。这年，全县中学2所，在校生1224人，教职员工52人。

1958年，贯彻“教育为无产阶级政治服务，教育与生产劳动相结合”的方针，全县掀起群众办学的热潮，邦洞创办第三初级中学，高酿创办第四初级中学，远口创办第五初级中学，蓝田烟墩坡创办第六初级中学。此外，先后在坪地、都岭、坌处、润松、塘洞、瓮洞等地均办初级中学。是年，全县有民办中学 10 所，加上原有的 2 所普中，共 12 所，初中 37 个班，高中 5 个班，学生 2400 人。

由于学校发展过快，师资力量薄弱，加之“左”的错误思想影响，大搞勤工俭学和片面强调“知识分子劳动化”，师生参加“大炼钢铁”“深翻土地”，大量占用教学时间，打乱了正常的教学秩序，教学质量受到严重影响。1961 年，贯彻中央对国民经济实行“调整、巩固、充实、提高”的方针，天柱县的中等学校进行调整，停办 7 所民办中学（坪地、都岭、坌处、润松、塘洞、瓮洞等中学），把蓝田中学并入白市中学，保留 5 所公办中学。压缩学生 916 人（其中高中生 36 人）回乡参加生产劳动。

1962 年上半年，精减一批教职工，全县中学 156 名教职工下放 22 人回农业第一线，调整 19 名教师到小学任教。1963 年，全县国民经济好转，中等学校逐步扩大招生，到 1965 年，全县 5 所中学招生 446 人（初中 348 人，高中 98 人），在校生 1143 人（初中 929 人，高中 214 人）。

“文化大革命”开始后，全县教育战线遭受了极大影响。

1968 年，工人宣传队、贫下中农宣传队进驻学校，参加学校管理工作。1969 年，“天柱县革命委员会”组织六六级、六七级、六八级高、初中毕业生上山下乡和回乡。1970 年，恢复蓝田中学，区级中学增设高中部，除天柱民中外，区级 5 所完中招收高中生 732 人，初中生 917 人。当年，全县 6 所完中在校生达 2848 人（高中生 938 人，初中生 1910 人），教职工人数增至 133 人。

1972 年，高、初中学制由三三制（初中三年，高中三年）改为三二制（初中三年，高中二年），取消升学考试，实行“推荐与选拔”相结合的政策，优先录取工农兵子女入学。同年，强调落实“以学为主，兼学别样”的指示，提倡学朝阳农学院经验，搞“开门办学”。白市中学 400 名师生，开辟茶场 104 亩；天柱民中师生在县城北郊蚂蚓坡开荒种杂粮、校内办水玻璃厂，组织学生上山下乡向贫下中农和工人学习。

1974—1976 年，在“读初中不出社，读高中不出区”的口号下，大量发展中等教育，增办高中的学校有 16 所，附设初中班的小学有 124 所。其中有 10 所小学戴高、初中双帽。1976 年，全县高中招生 1262 人，初中招生 6335 人，在校生达 16570 人。与 1965 年相比，增加 5 倍多。由于师资严重不足，教学质量低下，学校出现虚肿现象。由于大量抽调小学教师教初中，初中教师教高中，各级学校教学力量十分薄弱，教学质量普遍受到影响。

1978年以后，中学教育进行拨乱反正，澄清教育领域的大是大非，落实知识分子政策，整顿教学秩序，为振兴天柱教育创造条件，开始转移到以教学为中心的正确轨道。1979年，采取“调整布局，整顿初中，压缩高中”的措施，高中16所裁为7所，小学附设初中除保留23所外，集中办成13所初级中学。通过调整，中等教育布局比较合理，集中力量抓好基础教育，扭转了中、小学教育质量“两败俱伤”的局面。

1980年，有高中在校生1538人，毕业生950人，考取大专131人；初中在校生12702人，毕业生3063人，录取中专、中师306人，技校83人总计考取大中专院校520人，天柱县首次突破500人大关，比1977年翻了一番。

1984年初，天柱县人民政府对中等学校领导班子进行调整，要求达到“革命化、年轻化、知识化、专业化”的要求，加强对学校的宏观管理，健全学校管理制度。县教育局印发《中、小学校长、教导主任的职责和学校各种工作量的规定》《学校财务工作十条规定》《教师考勤考绩岗位责任制》《完中、初中评比条例》，要求各中学制订管理细则，学校管理工作趋于科学化、制度化、系列化。这一年，全县有普通中学20所（省重点中学1所，区完中6所，乡初中3所），在校生11418人；教职工559人，其中民办教师36人。

1985年，落实《中共中央关于教育体制改革的决定》，改革中等教育的结构，各中学均办职业班，普通班增设职业课。1987年，各区中学还增办“三加一”职业班，招收初中毕业不能升学的学生就读，传授专业知识，把学校办成农村经济腾飞、农民脱贫致富的育才基地，改变单一的普通教育状况。当年，全县兴办“三加一”职业班20个，招收新生1000人，试行结果成绩显著。

1988年，天柱县教育再次进行整顿，深化改革。前几年各中学片面追求升学率，忽视全面贯彻党的教育方针，只抓智育忽视德育，只抓主科忽视副科，导致教育教学质量呈现下降趋势。元月，召开全县校风建设经验交流会，会上提出“五不准发展”的措施，即今后考核评比，不以一次考试成绩给一个教师、一个班级、一个学校定论，应把学生德、智、体全面发展作为衡量教学实绩的标准；不许初中以下学校办补习班，高中办补习班须申报教育局批准；不许拼凑“尖子”和瞒报学生数，如发现首先追究校长责任；不许大量留级和变相排挤差生，初中留级不超过 5%；已录取到高中、师范或上一级学校，不服从分配者，不许回校复读报考。通过整顿，教学质量有所提高。

1990 年，为大中专学校输送 466 名新生，其中重点院校 17 人，一般院校 97 人，省内外专科 90 人，中专 58 人，中师 48 人，幼师 4 人，技校 152 人（包括职校，卫校）。这是继 1980 年之后，天柱县考取人数第二次突破 400 人大关，这年的高考录取率是 1977 年改革考试制度以来最高的一年，升学考试各科中，政治、生物、地理、历史各科单科考试成绩及格率都超省、州平均及格率。

1991 年，全县有中学 32 所，其中完全中学有天柱民族中学、天柱县第二中学、邦洞中学、蓝田中学、远口中学、白市中学、高酿中学 7 所。初中在校学生 1.19 万人，高中在校学生 2243 人。

1991—2004 年，为了充分利用教育资源，集中力量抓好中学教育，县教育局对全县附中、职中、初中等逐年进行布局调整。具体方案为：雷寨中学、胜利职中合并到凤城中学；三团附中、大河边附中合并到邦洞中学；阳寨附中、八阳附中合并到坪地中学；三合附中并入蓝田中学；元田职中、大样附中合并到远口中学；杨家职中并入竹林中学；汶溪职中、地样职中、北岭附中合并到白市中学；金鸡附中并入江东中学；高酿职中、章寨附中合并到高酿中学。其间，2000 年经黔东南州人民政府批准，建立天柱县第三中学，规模为 30 个班，面向全县招生。暂借凤城三小教室招收初一新生 270 人。2001 年，天柱民族师范停办，校舍、师资等移交天柱县人民政府。天柱第三中学搬入原天柱民族师范学校。2002 年，天柱县第二中学改制为普通高中。

2005 年，全县有高中 5 所，普通初中 20 所，九年制学校 11 所。共有高中在校生 7397 人，初中在校生 2.17 万人。

2007 年，全县有普通高中 4 所，其中独立高中 2 所，完全中学 2 所（含民办 1 所），高中在校生 8063 人；有普通初中 20 所，职业初中 1 所，九年制学校 8 所，初中在校生 1.85 万人。

2008 年，全县有普通高中 4 所，在校生 7839 人；有普通初中 25 所，在校生 1.75 万人。

2009 年，全县有普通高中 3 所，在校生 7522 人；有普通初中 23 所，九年制学校 7 所，初中在校生 1.65 万人。

表 5-1　1991—2009 天柱普通中学情况一览表

年份	初中				高中			
	学校数	招生数	毕业数	在校生	学校数	招生数	毕业数	在校生
1991	25	3994	3437	11944	8	797	715	2243
1992	26	3443	3554	12510	8	925	834	2369
1993	28	4161	4400	11851	3	776	574	2181
1994	35	4690	3507	11635	3	689	635	2169
1995	31	4972	3567	12811	3	662	778	1970
1996	30	5329	3553	13213	3	658	680	1811
1997	31	6509	3993	15722	3	655	544	1867
1998	27	7790	4141	19507	3	704	586	1673
1999	27	8183	5352	22338	3	800	570	1903
2000	26	7507	4573	19421	3	1270	530	2726
2001	24	8082	6051	21788	3	1791	639	3733
2002	23	8818	6234	23567	3	2064	729	4873
2003	24	8085	7132	23492	5	2285	1090	5984
2004	24	6909	7331	22742	5	2639	1511	6870
2005	24	6711	7422	21701	5	2942	1902	7397
2006	30	6795	7991	20771	5	2743	2021	7733
2007	28	6157	7110	18455	4	3273	2287	8063
2008	25	5829	6129	17581	4	2802	2432	7939
2009	23	5494	5882	16497	3	2803	2074	7522

表 5-2　1991—2009 年天柱县高考录取情况一览表

年份	报考数	本科录取	专科录取	年份	报考数	本科录取	专科录取
1991	387	73	59	2001	810	481	187
1992	402	74	96	2002	1027	563	264
1993	410	56	119	2003	1578	718	546
1994	450	85	185	2004	2292	780	883

续表

年份	报考数	本科录取	专科录取	年份	报考数	本科录取	专科录取
1995	478	80	175	2005	3005	857	1161
1996	555	140	134	2006	3120	555	1047
1997	673	138	157	2007	3577	683	934
1998	701	152	142	2008	3992	853	1044
1999	782	273	180	2009	3634	1103	1372
2000	793	362	116	—	—	—	—

2010年，全县有普通高中3所，在校生7448人；普通初中14所，九年制学校4所，在校初中生15170人。当年高考，一本上线200人，二本上线655人，三本上线1541人。

2011年，全县有普通高中3所（含完中1所），在校生7992人；普通初中14所，九年制学校5所，在校初中生14105人。当年高考，录取总人数2524人，录取率为80.5%。

2012年高考，全县二本以上1059人，本科录取人数首次突破千人大关。

2013年，全县有普通高中3所（含完中1所），在校生7878人；普通初中14所，九年制学校4所，在校初中生13402人。当年，全县共有2710名考生参加高考，较2012年减少381人，全县600分以上6人，二本以上上线人数906人（不含艺考生），其中一本上线226人，二本上线680人。

2014年，全县有普通高中3所（含完中1所），在校生7856人；普通初中12所，在校初中生11571人。当年高考，全县600分以上40人，列全州各县第一。

2015年，全县有普通高中3所（含完中1所），在校生7271人；初级中学13所，在校初中生10761人。当年，全县共有3124名考生参加高考，共录取2750人，其中一本上线210人，二本上线709人，三本294人，专科1537人，录取率88.03%，超省平均率1.86个百分点。全县600分以上21人，列全州各县第一名。

2016年，全县有普通高级中学3所（含完中1所），在校学生7102人；初级中学14所，在校学生10766人。当年，全县共有2931名考生参加高考，共录取2890人，其中一本343人，二本1021人，三本21人，专科1505人，录取率为 98.6%，超省平均率 13 个百分点。600 分以上 56 人。

2017 年，全县有普通高级中学 3 所（含完中 1 所），在校学生 6253 人。初级中学 14 所，在校学生 11584 人。当年，全县共有 2403 名考生参加高考，共有 2635 人上线，上线率 99.00%。其中一本录取 342 人，二本录取 999 人，高职专科录取 1294 人，录取率分别为 12.09%、35.31% 和 45.74%。高考 600 分以上 33 人，其中理工 3 人，文史 30 人。

2018 年，全县有普高 3 所（其中民办 1 所），在校生 6182 人。初中 12 所，在校生 12419 人。当年，全县 2290 名考生参加高考，一本上线 370 人，二本上线 1002 人，高职专科上线 855 人，全县总上线人数 2227 人，上线率为 92.68%。600 分以上 108 人（理工类 33 人，文史类 75 人），理科最高分 698 分，位居全省第 9 名；文科最高分 701 分，位居全省第 11 名。

第三节　天柱的职业技术教育

中华人民共和国成立后，天柱职业教育发展很快。1958 年，中共中央、国务院《关于教育工作的指示》中提出，普通教育与职业（技术）教育并举，实行“两条腿走路”的方针。在这一背景下，天柱县掀起大办农、职中学热潮，创办农大 1 所。农、林、牧中学及卫生职业学校 18 所，招收学生 1494 人，其中女生 132 人。同年 9 月，天柱县林业局创办十里冲林校，招收新生 73 人，专职教师 4 人。

1959 年，按照中央“着重整顿、巩固、提高，适当发展”的方针，农业中学保留 8 所，学生 480 人；林中 4 所，学生 583 人；林校 1 所，学生 53 人。1960 年，国民经济暂时困难，职中学全部停办。

1964 年，贯彻刘少奇倡导的“两种劳动制度，两种教育制度”的号召，天柱县教育局首先在蓝田举办农业中学 1 所，学生 47 人，其中女生 15 人。年底，相继兴办双河农中、织云红旗林中、远口新寨农中、注溪公闪农中，共招收新生 199 人，实行半工半读，开设文化、技术专业课，培养农村新型劳动者。

1965年，随着国民经济的发展，全县有农中9所、林中5所，学生569人，教职工39人。

1967年，落实毛主席“五七指示”，农职中学相继恢复和发展，当年恢复农中22所，学生378人，毕业287人，招收新生85人。

1968—1970年，由于“左”的错误影响，职业教育受到破坏，农中砍掉20所，仅留都岭农中和蓝田农中两所。

1975年，黔东南苗族侗族自治州在岑巩召开中等教育座谈会，提出要认真落实“五七指示”，积极创办“五七”中学，普通中学开设专业课、专业班的精神，天柱县在龙章坡创办“五七”农校1所，实行“社来社去，半工半读”的办学方向，学制2年。当年招收农技、林果、水电专业班学生180人。在县委组织下，工交、农林水、财贸、卫生等部门先后兴建“五七”学校8所，“五七”专业班2班，在校学生744人，培训学员121人，招收新生550人，毕业23人。

1977年，恢复招生考试制度后，重视普通教育，忽视职业教育，全县“五七”学校减到3所，“五七”农中减为4所，学生322人，只剩蓝田农中1所和普通附设的职业班4班。

1981年，黔东南州森林工业技工学校扩大教学网点，增设天柱、白市森工技工班，录取学生100名。县林业局配备专职教师3人，先后共办3个班，招生150名。1981届42人学习期满，由天柱林业局分配工作。1983年，撤销天柱、白市两个教学班，并入锦屏森工学校。

1985年5月，贯彻《中共中央关于教育体制改革的决定》，调整全县中等教育，大力发展职业教育。1986年，办起了天柱县第一所职业高级中学，并进一步加强对蓝田农中、卫生职业学校、农业广播学校的领导。1988年，全县职业教育以办好县立第一职业中学为主体，继续办好完中职业高中班。把蓝田农业中学扩建为第二职业中学，计划各区办1所初级职业中学。普通初级中学试行4年制，用一年的时间进行职业教育。同时，各完中的初级班均设专业课，使不能升学的学生都能学到一门专业技术。

按照1988年计划，到1990年已办成2所职业初中，即汶溪职业中学和高酿职业中学。另外，在天柱民族中学设美术职业班，远口中学增设职业班等。根据国家《燎原计划》的要求，天柱县把职业中学办成人才培养、生产示范、技术推广、经营管理、信息服务“五位一体”的中心。县政府加强对第一职业中学的领导，首先要求端正办学思想，在落实上好基础课的同时，相应安排占总学时40%—60%的职业技术课。其次，改革招生制度，面向全县招收学生，既向学校招生又向社会招生，尤其要优先招收立志办厂、办场的毕业生和社会青年。同时改革学制，长期班只办1个，学制3年；短期班23个，学制在一年内长短不等。

1990年秋，全县有职中4所（职业高中1所，农职初中3所），学生671人，教师49人，教学效果日见成效。1993年，“天柱县第一职业中学”更名为“天柱县中等职业技术学校”。

1990—1996年，职业中学每年在校生400人左右，主要传授农、林、牧、渔、种养业、家电、财会、园艺知识。

2003年，外籍人员在天柱创办黔东南育英职业科技学校、黔东南州新时代职业学校，开设有电工、电子、计算机、模具制造等工学专业，为天柱职业教育增添了新的活力。

2005年，天柱县中等职业技术学校争取到深圳华侨集团资助60.3万元人民币，修建“华侨城楼”；又争取到省级职业教育经费50万元，还争取到国债项目80万元，修建教学楼和添置教学设施。当年，该校被省、州、县认定为“阳光工程培训基地”“星火科技培训基地”“农村劳动力转移培训基地”“雨露计划基地”。

2006年，天柱县教育局下发《关于加快职业教育发展的实施意见》《关于促进民办教育发展的实施意见》以及《民办教育奖励暂行办法》，对社会力量办学实行优惠政策；当年3月，职校招生有了新的突破，在校生达2998人；县城3所职校和乡镇农业技术学校实施“阳光工程”“农村富余劳动力”转移培训及农村实用技术培训，全年完成短期培训2500余人，实用技术培训4.65万余人次，学历培训毕业50人。

2007年，职业教育实行“三教统筹”，县城3所职校与各初中签订责任状，把招生任务落实到学校，实行奖罚挂钩，当年职校在校生达1929人；完成农村劳动力实用技术培训4万余人次，实用技术培训3100人次，短期培训2600余人次。

2008年，完成中等职业技术学校招生2220人，完成培训任务4.05万余人次，3 所职校实行零学费制度。

2009 年，县教育局组织全县中学校长参观县职校、育英技校，召开职业学校招生宣传工作座谈会，推进对职校的宣传力度；县职校引进四川新科教育集团联合办学及育英学校与长沙颐尔康教育集团联合办学，共引进资金 184 万元。

表 5-3　2010—2019 年天柱县中等职业技术教育情况一览表

年份	学校数	在校学生数	专职老师数
2010	2	1939	46
2011	2	2518	41
2012	—	—	—
2013	1	1815	138
2014	1	1746	138
2015	1	2268	138
2016	1	2314	182
2017	1	1610	132
2018	1	2785	130
2019	1	2418	—

第六章　推进路网建设　构建立体交通

天柱县地处山区，尤其是其境内的西北、西南边隅，多是高山大壑，道路崎岖狭窄，交通很不方便。长期以来，民众为了生产、生活，自力更生修通了不少乡村道路，但随着社会经济的快速发展，已不适应社会的需求。随着改革开放的不断深入，人民群众对公路建设的重要性和紧迫性的认识也在不断提高，“要想富，先修路”逐步成为群众与政府的普遍共识，并逐步形成了上下齐心、左右协调、各方参与、共谋发展的公路建设氛围。

天柱县有独特的区位优势，北距湘黔铁路、320 国道分别为 64 公里和 74 公里，东距枝柳铁路、209 国道仅 78 公里。根据地理位置，确定了“行政区域依托贵阳，经济发展面向两湖两广”的思路，积极组织实施拓宽改造 5 条进出天柱的干线公路。县内水路交通也较便利，沅江上游清水江流经县内 7 个乡镇，可直通洞庭湖进入长江，已在清水江建成了远口、白市、瓮洞 3 个船运码头。

第一节　公路建设

中华人民共和国成立后，人民政府设有专门机构主管公路建设、道路养护及交通运输，交通条件逐年改变，运输业逐步发展。在公路建设中，出现过几次高潮。一是 1958 年“大跃进”时期，各公社、大队、生产队组织群众自力更生、投工投劳修建乡村道路，虽然当时标准低、质量差，但这些公路的建成，使县境交通闭塞的状况开始有所改变，并为后来的交通建设打下了基础。二是 20 世纪 70 年代大办农业时为发展农村经济，修建了部分农村简易道路，以利农机耕作及物资运输，至今仍发挥效益。三是中共十届三中全会以后特别是1985—1987年，国家以库存粮棉布“以工代赈”支援经济落后地区群众修筑乡镇公路。四是20世纪90代至21世纪初，随着扩大开放和西部大开发战略的实施，为了给招商引资创造一个良好的投资环境，全面加强了县内公路基础设施建设。五是实施精准扶贫开发以来，为了改善群众的生活环境和生活水平，通村公路和“组组通”全面铺开。

一、公路建设历程

1958年“大跃进”时期，各公社、大队、生产队组织群众自力更生、投工投劳修建乡村道路。

1957年11月，黔东南州林业局投资30.37万元修建天柱至白市的林业公路，1958年冬竣工通车，全长30公里。

1958年天柱县建立邦洞磷肥厂，在大僚、大河边、平能一带采矿，急需通路运输矿石，当时县财政投入20万元作为修路民工生活费，调集全县民工修建，当年4月开工，翌年12月竣工通车。

1958年大炼钢铁时，天柱县邦洞钢铁厂在石埂、猫猫岩、地妹等地开采铁矿石，急需运输，县财政投资15万元，调集全县参加大炼钢铁的民工队伍，拓宽整修原路线，并修建木桥5座，同时兴修坪地至便桃的3公里简易道。

1958年，高酿区组织动员沿线群众投工投劳，不计报酬，修建高酿至水洞公路，全长32.2公里，途经高酿、都岭、石洞、水洞4乡镇的19个村落。三个月内，除部分地段山高坡陡未完成外，其余路段已修成简易道，并修建中小桥5座，石箱涵23道。

1958年，白市区组织民工修成白市至兴隆的简易公路，全长10.29公里。

1958年12月，修建天柱至润松简易公路，1962年竣工。

20世纪70年代大办农业时为发展农村经济，修建了部分农村简易道路，以利农机耕作及物资运输，至今仍发挥效用。

改革开放初，全县40个乡（镇）已通公路30个，还有坌处、中寨、金鸡、兰溪、江东、八阳、八界、阳寨、黄桥、北岭10个边远乡（镇）未修建或未修通公路。有少数乡（镇）虽通公路，但由于长期失修而报废。党的十二大召开后，天柱县委、县人民政府把加快建设边远乡（镇）公路作为经济建设战略重点纳入重要议事日程，想方设法改善这些地方群众的生产生活条件。

在国家支持下，经过县交通部门和区乡干部群众的积极努力，修通了出境公路（三茅线、白兰线、大板线）3条，乡级公路（坪八线、白兴线、溪坌线、金中线、步黄线、翁阳线）6条，共计118.21公里。

三茅线，从三门溪接远至竹线，经坌处镇、宰贡村，连接锦屏至茅坪公路。1984年10月由县林业基金投资兴建，1985年7月竣工。县境内长10公里，路基宽6.5—7.5米，横跨清水江架坌处大桥，总投资49.73万元。经州交通局验收为国家4级公路。

白兰线，从白市镇至兰溪乡，连接会同至蒲稳公路。1985年，国家用库存粮棉布“以工代赈”修建。当年6月开工，到1986年6月完成。县境内全长14公里，路基宽6.5—7.5米，有桥4座计68米，涵洞41个计410米，总投资77.23万元。1988年经州交通局验收为国家4级公路。

大板线，原于1971年3月按战备要求，从蓝田修过三合、大段乡，连接芷江至板山公路，用林业基金投资修到大段而停工。1986年，省交通厅决定用国库粮棉布“以工代赈”投资37.7万元修建，于当年10月开工，到1987年12月竣工。县境内全长4.4公里，路基宽6.5—8.5米。经大段乡、坪寨、青山脚越省界至湖南板山乡。

坪八线，从坪地镇经八阳至八界乡。1958年为到八界地妹运磷矿，组织民工从坪地修简易公路到便桃；1967至1968年又从便桃修到八阳。1985年，国家用粮棉布“以工代赈”从坪地修通到八界乡。按国家4级标准公路修建，全长16.53公里，路基宽6.5—7.5米，有桥梁9座，涵洞46个，到1986年3月1日全线竣工通车。1988年经州交通局验收接养。

白兴线，从白市镇到兴隆镇，全长11公里。1958年组织群众修成简易公路，全线通车。1966—1969年，先后动用林业基金2万元修建木桥8座。后因木桥朽烂，无资养护而废。1985年6月，国家用库存粮棉布“以工代赈”修建。新建水泥石拱桥9座，砌涵洞28个，路基拓宽为5.5—7.5米，1986年4月全线通车。1988年11月12日经州交通局验收，按国家4级公路接养。

溪坌线，从溪口乡经金井、地柳村到达坌处镇，全长26.46公里。1986年

9月开工，到1988年竣工通车。投入劳动日84万个，国家补助物资折币155.35万元，基本可以通车。

金中线，连接远竹线，过菜溪、三门溪进抱塘直达中寨。1982年2月用林业基金投资兴建，1983年底竣工。全长12公里，路基宽4.5—6.5米，有单拱石桥6座计275米。经州交通局验收，定为国家4级标准公路。

步黄线，与高石公路都岭道班连接，经都岭、小就、竹坪、高乐到黄桥乡的黄桥、大坪村，全长10.52公里。1986年12月，国家用库存粮棉布“以工代赈”投资修建。架单拱实腹石拱桥1座，路基宽4—6米，于1988年底竣工通车，1989年10月26日验收。

翁阳线，从坪地镇八翁经八洞、圭翁、桂袍至阳寨乡。1989年县财政投资95万元，当年2月开工，10月竣工。全长12.4公里，路基宽6.5米，为国家4级标准公路。

中华人民共和国成立后的40多年，天柱县公路建设的大量工程项目，均系动员群众投入劳力兴建。公路建设资金以国家补助投资为主，地方筹资及群众集资为辅，共用资金1269万元，其中，林业部门用林业更改基金建设的林区公路13条188公里，投资530万元；交通部门投资修建6条计82.2公里，投资457.6万元；由林业、交通、财政、民委等部门联合投资兴建7条147.1公里。经过各级党政和广大人民的努力，到1989年底，全县40个乡镇，已通公路37个，占92.5%；315个村已通公路174个，占55.2%。

进入20世纪90年代后，随着国力逐渐增强，开放的力度进一步加大，天柱县委、县政府更加注重对公路基础设施的建设。1999年省公路局拨款，将邦洞至款场交界处改造成三级油路，路面宽6.5—7米。2002年，省公路局投资600万元，把天柱邦洞至凤城全长7公里路段改造成二级水泥路面，路面宽8米。2002年，州公路局实施三穗至天柱油路工程，全长72.4公里，总投资2400万元。2003年，省公路局投资500万元，把天柱县城城南至高酿全长12公里路段改造成三级沥青路面，路面宽7米。

2007年9月29日，县委、县政府成立了天柱县交通建设协调领导小组，组长文松波，副组长杨代松、李光坤、龙开泉、王兴友。11月12日，成立了天柱至黎平二级公路天柱段建设指挥部，指挥长龙开泉，副指挥长杨代松、王兴友、龙跃福。12 月 10 日，成立县通村公路督促检查组，龙开泉任组长，杨代松、王兴友任副组长。

2007—2009 年三年间，在中央和省、州政府的大力支持下，县级公路伍永线已完成天柱至大湾油路大修 32.26 公里，投资金额 1133 万元；乡级公路完成远口大湾至地湖永兴、高酿至石洞、角布坳至地妹、邦洞至槐花坪的油路建设，共 137.1 公里；完成高酿、邦洞、坪地 3 个乡（镇）车站的建设。总投资金额 6182 万元。村级公路完成 620 公里，投资金额 5282.3 万元。

1991—2009 年，国家财力逐年增强，增加了对西部的投入，促进了天柱县交通运输事业的跨越式发展。1991 年，县内通村公路仅 24 条 106.6 公里。2003 至 2009 年期间，由于实施通村公路建设，至 2009 年末，全县通村公路达 1013.8 公里，为 1990 年的 9.5 倍。乡级公路逐步得到拓宽、改造，路况得到改善。出境县道全部实现水泥硬化和油路改造，交通基础设施进一步改善，加上运输车辆和其他车辆逐年增加，县内客货运输量有了大幅度增长。至 2009 年底，全县公路通车里程已达到 1926 公里，其中，省道 77 公里，县道 157 公里，乡道 192 公里，村道 1500 公里。全县 315 个村有 297 个村通了公路，通路率达到 94.3%，基本构成城镇乡村公路网络。

2010 年，天柱县共完成金寨山至竹林通乡油路改造工程 13 公里；白市至江东通乡油路改造工程 8 公里；大湾至地湖通乡油路 16 公里；角布坳至坪地通乡油路 45 公里；高酿至石洞通乡油路 24.1 公里；邦洞经注溪至槐花坪通乡油路改造工程 29 公里。以上 6 个项目总投资 7182 万元，全县通乡油路增加到 170 公里，实现乡乡通油路目标。2010 还实施了通村公路通达项目建设 24 条 236 公里，新连通行政村 24 个，通村公路增加到 1736 公里，实现村村通公路目标。2014 年还完成总投资 240 万元的金凤山旅游公路；完成总投资 690 万元的鉴江风雨桥建设项目；完成总投资 98 万元的八甲、隆寨烤烟基地道路硬化工程。到 2010 年底，全县公路总里程达 2162.86 公里，其中省道 77.5 公里，县道 157.3 公里，乡道 191.6 公里，村级公路 1736.46 公里。

2013 年开工建设通村油（水泥）路 11 个，里程 123 公里。提前实施 2014 年通村水泥路改造 100 公里；完成 S202 线邦洞至新寨、坪能至邦洞国省干道改建项目施工设计；完成圭勺矿区公路施工设计；完成白市电站库周公路建设

（含库周通村公路）75.9 公里，大车道项目 8.515 公里、人行桥梁 44 座，完成投资 2554 万元；完成 2012 年通村油（水泥）路改造硬化 52.505 公里，完成投资 2625.25 万元；完成摆头至长团茶油基地公路硬化 4 公里，完成投资 200 万元；完成白市土塘桥项目建设，总投资 311 万元，并经验收评定为合格工程；完成县沥青混凝土拌和站建设，完成投资 306.54 万元；完成县道天柱至白市 32 公里改造项目工程设计工作；完成远口特色小城镇、清水江文化旅游景区、新市村美丽乡村主干道的测绘、设计工作；提前实施坌处三门塘至孔安、渡马至溪口、步甲至下腾、石洞至槐寨至摆洞、石洞至谢寨等通村油（水泥）路改造建设工作。完成工业园区交通基础设施项目投资 4166 万元。四桥建设完成工程形象进度 55%，完成投资 1691 万元。其中，三星岩桥完成工程形象进度 70%，完成投资 579.5 万元；旁寨桥完成工程形象进度 60%，完成投资 360 万元；铜鼓桥完成工程形象进度 30%，完成投资 452 万元；冷水溪桥完成工程形象进度 20%，完成投资 300 万元。

2014 年，全县交通固定资产投资累计完成 34.045 亿元。其中，高速公路完成 29 亿元，国省干道改造完成 2.7 亿元，县乡公路改造完成 0.24 亿元，通村油路 0.975 亿元，乡镇汽车站完成 0.03 亿元，其他投资完成 1.1 亿元。建成三黎高速天柱段 39.7 公里（其中正线 32 公里、支线 7.7 公里，沿线途经邦洞、凤城、高酿三个乡镇的 21 个行政村），于 2014 年底全线通车。完成通村公路水泥路改造 195 公里，完成注溪、渡马、竹林 3 个乡级客运站建设。

截至 2014 年底，全县总公路里程 2228.7 公里，其中高速公路 39.7 公里、国省道 78.8 公里、县道 157.3 公里、乡道 191.6 公里、村道 1761.3 公里。全县实现 70% 以上的建制村通油路。全县行政村客运班车率达 64%。

2015 年，完成砼路面 2.947 公里，完成油路路面工程 4 公里，完成工程进度 75%，12 月底冷水溪至邦洞城市主干道全线竣工。坪能至邦洞段 14.807 公里，总投资 8143.85 万元，完成路基级配层，路面水稳层完成 10 公里，完成投资 5000 万元。完成通村油（水泥）路改造 30.2 公里，完成投资 17510 万元，占目标考核任务的 129%；全县 117 个中心村未进行水泥路改造的有 14 个，长 68.5 公里，预算总投资 45 万元，12 月底已完成路基 68.5 公里，轮路面 48 公里，占完成砼路面任务的 70%。

总之，在2011—2015年的5年中，天柱县在以交通重点项目为龙头的交通基础设施建设中，取得了显著的成效。

一是全面完成国省干道、县乡村公路等级提升工作。截至2015年底，全县公路总里程2189公里。原省道78.8公里，占总里程3.6%；县道157.3公里，占总里程的7.2%；乡道191.6公里，占总里程的8.8%；村道1761.3公里，占总里程的80.4%。规划等级提升后，国道62.8公里，占总里程2.9%；省道163.2公里，占总里程7.4%；县道418.953公里，占总里程20%；乡道563.214公里，占总里程25.8%；村道977.681公里，占总里程44.66%。

二是全面建成投资8391.3万元、总里程10.96公里、桥梁6座的县工业园区主干道进出口段公路建设项目。

三是完成投资2554万元的白市水电站库区公路建设75.9公里、大车道8.515公里、人行桥梁44座的建设项目。

四是完成投资2700万元的天柱县联山至汽车站道路工程桥梁4座。

五是完成县道天柱至黎木脚（县城至白市段）29.831公里改造建设，完成投资达2100万元。

六是完成投资890万元的白市至江东5.5公里、金寨山至竹林14公里通乡油路改造项目建设，实现了全县乡乡通油路目标。

七是完成县产业园区道路水泥硬化65公里，完成投资3250万元。

八是建成了三穗至天柱高速公路39.7公里，并于2014年12月23日全线通车。

九是完成总投资311万元的白市镇土塘桥项目建设，经验收评定为合格工程；完成县沥青混凝土拌和站建设，完成投资306.54万元；完成清水江文化旅游景区三门溪至平茫旅游公路水泥路改造11.6公里项目建设，完成投资580万元。

十是全面完成白市、远口、坌处镇、注溪乡、渡马乡、竹林乡客车站场建设，完成投资616.5万元。

十一是加大通村油（水泥）路改造“六个同步”建设工作，完成农村客运招呼站建设126个，完成投资190万元。

同时，2011—2015年末，农村公路网建设方面也取得了可喜的成绩。总共完成实施通村油（水泥）路改造773公里（2011年93.8公里、2012年60.9公里、2013 年 152 公里、2014 年 195 公里、2015 年 271.3 公里），完成投资 3885 万元，连通了 215 个行政村和居委会。完成危桥改造项目 21 座，全长 114.5 米，完成投资 2500 万元。

2016 年，在国道、省道公路改扩建工程中，一是完成 S202 线省道坪能至新寨公路改扩建项目建设，项目全长 29 公里，总投资 38447.027 万元；二是 S402 远口至平秋（县城至润松段）机耕道改造建设工程，道路全长 11.9 公里，总投资 3420 万元。

在县乡公路改扩建项目中，一是完成白市至蒲稳公路改造项目全长 16.187 公里；二是金寨山至竹林公路项目，全长 12.69 公里，工程项目总投资 5500 万元，已完成工程形象进度为 50%，完成投资 3000 万元。

2017 年，在重点交通项目建设方面，一是完成 S242 朗江路改扩建项目 4.445 公里；完成通村油（水泥）路建设 203 公里，全面实现村村通油（水泥）路和客运班线目标。二是完成窄路面拓宽项目 13.9 公里。三是完成凤城教场至润松机耕道改造项目 11.9 公里。四是完成 2017 年州下达天柱县农村公路生命防护工程 35 公里。五是完成 2017 年脱贫攻坚农村“组组通”公路 389 公里。六是完成 2016 年续建危桥改造建设 5 座 166.5 延米。七是 2017 年危桥改造项目建设 22 座 663 延米，已完成 3 座 116 延米建设任务。

2018 年完成组组通公路 469 公里，覆盖 14920 户 62352 人。截至 2019 年 6 月，完成脱贫攻坚农村“组组通”公路建设 669 公里，惠及全县 372 个村民组近 10 万人，全面实现 30 户以上村民组 100% 通硬化路的目标。截至 2019 年底，全县公路通车里程 2916.73 公里，比上年末增长约 29.75%，其中，高速公路通车里程 55 公里。

二、主要公路

（一）三黎高速公路天柱段

三黎高速公路是连接三穗至黎平的高速公路，其中天柱段有 39.7 公里（正线 32 公里、支线 7.7 公里，沿线途经邦洞、凤城、高酿 3 个乡镇的 21 个行政村）。三黎高速公路是贵州省人民政府批准实施的《贵州省高速公路网规划》“678”网的“第四联”首段与“第一纵”中段的组成部分，是贵州省县县通高速公路之一，全长138公里，起于三穗县台烈镇，衔接已建成的沪昆高速公路玉屏至凯里段，途经三穗、天柱、锦屏、黎平4个县的17个乡镇，终点连接已开工建设的黎平至洛香高速公路。按双向四车道高速公路标准建设，设计速度80公里/小时，全线设互通9处，总投资约102亿元，平均每公里造价约7400万元。

2014年12月30日，三黎、余凯、凯羊、驾荔高速公路项目交工验收会议在黎平县召开。交工验收委员会对4个项目一致通过交工验收，这意味着三（穗）黎（平）高速公路满足通车条件，即将全线通车试运营。

2015年1月23日上午9时，三（穗）黎（平）高速公路在款场、天柱、锦屏3个收费站同时举行通车仪式，标志着历经三年多的加紧建设、备受社会关注的三黎高速公路正式通车试运营。

（二）省道

桂（桂林）穗（三穗）公路三星线（三穗至锦屏星子界），天柱县境内从邦洞街道米溪村斩龙坳盘长坳，县境内全长60.4公里。

1940年，为适应抗日战争运输物资之急需，开始修建的桂（桂林）穗（三穗）公路通过天柱县境，1941年修成，此乃天柱公路之始。1944年12月至1945年8月，国民党当局为阻止日本侵略军入侵湘、桂及黔南，两次下令天柱县政府征用民工破坏公路，致使交通中断。直到天柱解放前夕，仍未修复通车。

中华人民共和国成立后，天柱县人民政府着手修复这条公路。1951年2月4日动工，到11月底竣工通车。1963年，由省交通厅公路工程处施工，将天柱木便桥改建成料石墩台钢梁混凝土桥，随后天柱养护段又将邦洞、赖洞等9座大中小型石台木面桥改建为永久性石拱桥和钢筋混凝土桥。1982—1986年，先后改善赖洞、狮子口两处急弯陡坡。1986—1988年，省公路局投资100余万元，将67公里到77公里处拓宽为14.5米宽的沥青路面。2001年，经省公路局批准，将水坪线16.2公里（县道）、邦槐线2公里（县道）、三星线（省道）42.2公里合并而成，其代号为省道S202线。

（三）县道

1991年，天柱县列入县级道路建设的公路有邦瓮线、天白线、水坪线、伍永线、邦槐线和白兰线共6条，总长170.6公里。由于原县道水坪线于2001年经省公路局批准列为省道S202线，2007年开始，天柱县对县级道路建设有所调整，列为县道建设的 6 条是伍大线、天芷线、蓝瓮线、天梨线、邦槐线、远锦线（远口至挂子棚），总长 181.5 公里。

伍大线　该线从社学街道伍家桥至湖南省会同县大湾。该线接县道天梨线 4 公里处，途经溪口、清水江鸬鹚渡口、远口、老黄田至大湾，全长 38.2 公里。公路连本县地湖乡，左出湖南广坪乡至会同县。1990 年 8 月 26 日经上级批准，将（清水江）鸬鹚渡口改渡为桥，桥址上移至远口镇街靠清水江河段，定名为远口大桥。该桥于 1993 年 1 月建成通车，总投资 340 余万元（含新修鸬鹚左岸至远口公路 4 公里，月山背中桥 1 座），1994 年 1 月 5 日经省、州、县组织验收鉴定，被评为优良工程。1997 年，县交通部门决定对伍大公路进行改造，同年 1 月 1 日至 28 日进行行业测设，4 月完成内业上报工作，当年县财政拨款 12 万元，省交通厅安排 10 万元，改造拓宽伍家桥至溪口段。1999 年伍大线拓宽和油路工程继续实施，当年投 6287 万元，2002 年底全线竣工，为县内第一条县道沥青路面。

天芷线　该线从天柱至湖南芷江。由县城经邦洞、蓝田、三合、大段、板山，入湖南芷江，县境内全长 35.7 公里。1995 年 10 月完成蓝田至大段公路改造测量设计工作。1997 省，交通厅以扶贫项目投资 225 万元，县配套 23 万元，改造蓝田至大段公路，9 月 27 日全面竣工验收。2000 年 3 月修通大段至板山、分水坳（断头公路）3.78 公里，总投资 70 万元，其中州交通局 50 万元，以工代赈资金 20 万元。2001 年，对邦洞经蓝田至板山公路进行镶边改造和危桥翻修，全长 34.16 里，总投资 173.5 万元，其中省交通厅 104 万元，县财政配套 69.5 万元。同年 3 月份动工，月底全线竣工，11 月 24 日经省、州、县检查验收，被评为优良工程。2002 年，天芷线被省、州列入重点改建工程，2003 年 1 至 4 月由州交通勘察设计所测设，2004 年 12 月 15 日动工改建，2005 年 1 月完成水泥路面 24.2 公里（含凤城至邦洞 7 公里），沥青路面 20.55 公里。

蓝瓮线　蓝田镇至瓮洞清水江码头，全长 16.4 公里。2002 年 5 月进行镶边改造，总投资 86 万元，其中省公路局 51.4 万元，县财政配套 34.6 万元，10 月底竣工验收，被评为优良工程。

天梨线　该线从天柱县城至梨木脚，起于县城，经伍家桥、社学、渡马、白市、兰溪至梨木脚，入湖南蒲稳乡、会同县城，由原天白线、白兰线更名而成，全长 41.8 公里。2005 年因白市清水江河段修大型电站，由武陵公司投资将白市至梨木脚 14 公里路段改造成水泥路面。2007 年末，全线完成沥青路面改造。

邦槐线 该线起于邦洞街道，止于湘黔边界分水岭的注溪乡槐花坪，全长 28.2 公里（含坪从线，邦洞至水口 2 公里），入邻省湖南禾滩至新晃县城。2001 年镶边改造，总投资 141 万元，其中省公路局投资 84.6 万元，县财政配套 56.4 万元。同年 5 月动工，10 月份完成，11 月 24 日经省、州检查验收评为优良工程。

远锦线 该线从远口至锦屏县城，起于伍大线远口镇，沿清水江而上经金寨山、三门溪、坌处、清浪、宰贡、茅坪达锦屏县城。该线原为林区公路，后由交通局扩宽、维修管理。该线通过天柱县境内 19.8 公里，即远口至桂子棚。2002 年，天柱境内 14 公里路段扩宽成 6.5—7 米沥青路面。

（四）乡道

1991—2007 年，天柱县列入乡道建设 16 条，总里程 253 公里。1992 年建镇并乡撤区后，于 1994 年修通白市渡口至江东乡公路，实现了乡乡通公路。原有的蓝大线、大板线提高了技术等级，更变为县道，实施了油路改造。由于各级政府的重视，部分乡道得到镶边改造，公路等级、路面状况逐步得到提高和改善。为了方便管理，有的线路进行了更名。

角八线 起于省道三星线角布坳，经鱼塘村、鱼塘水库至八界，全程 28.5 公里。因鱼塘水库兴建，蓄水水位提高，将水库大坝以上至坪地镇公路进行改道，2003 年进行镶边改造，省公路局投资 48 万元，县财政配套 48 万元，同年 6 月 28 日动工，9 月 20 日完成，经省州组织检查验收，评为优良工程。

高水线 起于省道三星线高酿镇，途经章寨、亚大、界牌、步甲、石洞镇至水洞，贯穿 19 个村寨，全程 32.5 公里。2002 年，县委、县人民政府将高酿至石洞 23.7 公里进行镶边改造，总投资 142.5 万元，其中省公路局投资 71.1 万元，州交通局投资 23.7 万元，县财政配套 47.7 万元，同年 5 月动工，10 月底竣工交付使用。

金竹线 远口金寨山至竹林，全程 19.5 公里，途经金寨山、杨家至竹林镇。2002 年，将远口至金寨山 6.4 公里更名为远锦线（远口至锦屏），金寨山至竹林更名为金竹线，全程 13.1 公里。2001 年由省州投资 130 万元对全线改造，3 月份测设，6 月份进场施工，12 月 10 日竣工验收交付使用，评为合格工程。

大板线　大段至板山，全长 4.1 公里。2001 年进行镶边改造，2004 年列入天芷（县道）公路进行油路改造，总投资 70 万元，其中州交通局投资 50 万元，以工代赈资金 20 万元。

天润线　天柱县城至润松，全程 16.3 公里。1995 年拨款 15 万元进行路面整修，至 2005 年为四级乡道。2006 年上级拨款 120 万元，地方政府负责征地费用，并筹集资金 150 万元进行全线改造，延伸 5.09 公里至圭研与剑河南明交界处，全程 21.3995 公里。

三茅线　天柱县坌处镇三门塘至锦屏县茅坪。更名并入远（口）锦（屏）公路远口至茅坪段，2003 年进行沥青油路改造，路面宽 6.5—7 米。

第二节　公路运输

1951 年，天柱县工商联合会欧明久到镇远买来一部马车，从事运输。1953 年，全县马车发展到 16 部。1956 年，天柱县从外地购进第一辆货运汽车。1958 年，全民“大炼钢铁”，县内畜力车猛增至 1055 辆，人力车 2800 辆。当年，黔东南州运输公司下放给天柱汽油车 5 辆、煤油车 5 辆。1978 年，建立县汽车队，有 4 辆货车，承担境内部分物资运输。一些部门也相继建立专业运输队，自营或兼营社会运输；同时，拖拉机也加入运输行业。当年参加营运的货运汽车 33 辆，拖拉机 264 台，畜力车 324 辆。1978 年以后，运输行业贯彻执行“对内搞活，对外开放”的政策，专业户、个体户、个体联户纷纷购置客、货汽车参加社会运输，到 1983 年，县内私人货车 73 辆。1984 年，蓝田区个体户肖宗德购进客车 1 辆，从事客运，县内个体客运从此发端。

随着运输业的发展，运量不断增加。1978 年以后，国家、集体、个体一起兴办运输业，城乡客货运输量迅速增长。1979 年，县内试行增开农村公共汽车，日发 16 班次，以后逐渐固定下来。到 1987 年底，全县客车 24 辆（其中个体客车 22 辆），货车 286 辆，拖拉机 208 台，其他汽车 64 辆，畜力车 1250 辆。当年，公路货运量 351772 吨，比 1978 年增长 1.3 倍；周转量 5706472 吨公里，同比增长3倍；客运量3923610人次，同比增长6.7倍；周转量7645865人公里，同比增长75.5%。

到1989年，全县95%的乡镇开始通货车。1990年3月，由州交通局、县交通局联合投资兴建的全省第一家个体联营车站——天柱县联营车站建成，正式投入营运，增开农村公共汽车班次，日发24班次。

1990年，全县客车30辆（其中个体客车26辆），货车28辆（均为个体货车），拖拉机155台，畜力车1700辆。当年全县货运量、货运周转量以及客运量、客运周转量分别是1978年的2.45倍、9.17倍和13倍、11.8倍。

1991年，全县参加营运的客车45辆、货车263辆、拖拉机139台、畜力车2036部。当年全县完成货运量25.69万吨，周转量360.89万吨公里；客运量63.38万人次，周转量1565.3万人公里。

1995年，参加营运的客车163辆、货车394辆、其他汽车8辆、拖拉机197台、摩托车124辆。当年全县完成货运量31.8万吨，周转量3420万吨公里；客运量163.64万人次，旅客周转52万人公里。

2000年，参加营运的客车288辆、出租车50辆、货车497辆、其他汽车27辆、拖拉机210台、摩托车310部。当年全县完成货运量56.4万吨，周转量3900万吨公里；完成客运量299万人次，周转量7744万人公里。

2005年，全县参加营运的客车386辆、出租车80辆、货车597辆、其他汽车60辆、拖拉机345台、摩托车340辆。当年全县完成货运量87.9万吨，周转量6876万吨公里，为1991年的19倍；完成客运量517万人次，周转量为1.47亿人公里，为1991年的9.4倍。同年末，跨省（区）县每日客运发车线路16条，里程达6927公里；县内每日客运发车线路25条，里程达789公里。

2006年，全县通车公路里程660公里，其中，三级公路206.55公里，四级公路155公里，新建通村公路77公里。汽车拥有量2014辆，其中客车460辆，货车727辆。货运周转量6670万吨公里，客运周转量14270万人公里。

2007年，全县通车公路里程828公里，其中三级公路206.55公里，四级公里155公里，新建通村公路228公里。全县汽车1237辆，其中客车368辆，货车869辆。全年完成公路客运量615万人次，公路客运周转量达17186万人公里；完成公路货运量88.5万吨，公路货运周转量达6958万吨公里。

2008 年，建设大湾至地湖、角布坳至地妹、高酿至石洞 3 条通乡油路 84 公里，建设通村公路 238.6 公里，新建通村公路桥梁 84 延米 4 座，新建农村客运站 2 个；投入公路养护与水毁抢修资金 78.386 万元，使县道好路率达 80.52%，乡道好路率为 79.3%，村道好路率为 40.1%；全县共完成道路运输客运量 625 万人次，客运周转量 17250 万人公里，完成货运量 81 万吨，货运周转量 6920 万吨公里。

2009 年，全县有客运车辆 348 辆，货车 1399 辆。当年全县完成客运量 643.75 万人次，旅客周转量 17767.5 万人公里；货运量 83.43 万吨，货物周转量 7127.6 万吨公里。2009 年底，全县共有客运线路 41 条，其中跨省 8 条，跨区 2 条，跨县 6 条，县内 25 条。同年末，天柱客运企业有：凯运司天柱分公司、黔岭天柱分公司和天柱县汽车运输有限公司 3 家，县内客运车辆营运业务向规范化、集约化发展。

2011 年，交通运输网络进一步完善，运力稳步提升，全县公路总里程达 1986.36 公里，其中省道 77.5 公里，县道 157.315 公里，乡道 191.645 公里，村级公路 1559.9 公里；全县共有客运班线 56 条，其中省际 10 条，市际 3 条，县际 11 条，县内 32 条（2011 年新增天柱至大塘 2 条）。营运客车 363 辆，7427 座；营运货车 1641 辆，3228 吨。全县共完成道路运输客运量 1092 万人次，客运周转量 47325 万人公里；货运量 231 万吨，货运周转量 16162 万吨公里。

2012 年 3 月 5 日，县人民政府在县公交公司举行了隆重的公交车开通仪式。州政府副秘书长、州交通运输局、州客管局、县委、县政府、县人大、县政协领导以及县公共汽车公司和县直相关部门负责人出席了开通仪式，县政府副县长王兴友主持开通仪式。

2013 年，全县完成客运量 1360.3 万人次，全年累计完成货运量 391 万吨，货运周转量 38350 万吨公里。

2014 年，全县累计完成货运周转量 68323 万亿吨公里，客运周转量 89270 亿人公里。

2015 年，全县累计完成货物运输周转量 68323 万亿吨公里，客运周转量 89270 亿人公里。

2016 年，累计完成客运量 2015 万人次，旅客周转量 99670 万人公里；完成货运量839.5万吨，货运周转量136120万吨公里。

2017年，完成客运量2098万人次，旅客周转量107650万人公里；完成货运量1135万吨，货运周转量191710万吨公里。

2018年，累计完成客运量2129万人次，旅客周转量110341万人公里；累计完成货运量1418万吨，货运周转量239637万吨公里。

2019年，累计完成货物运输总量2369万吨，货物周转量239968吨公里。

第三节　交通设施

一、站房建设

1988年3月，州交通局投资38万元兴建天柱县联营汽车站。1989年，州交通局投资6万元，修建蓝田公路运输管理站，占地面积1.98亩，站房建筑面积241平方米。1992年10月，修建县交通综合楼，设计为1118平方米。同年，上级拨款修建养护段职工住房999平方米。

1998年，州交通局投资55万元扩建县联营汽车站，占地面积9130平方米，其中站房1860平方米，发车位22个，停车场660平方米，1999年投入使用。同年，扩建面积5000平方米，投资103万元，其中社会集资76万元，场地全部实施混凝土硬化。

2001年7月，为维护公路建设成果，延长公路使用年限，将公路管理段机关食堂锅炉房改建为汽车起限运输检查站。

2003年，州运管处投资15万元，自筹12万元，修建天柱交通稽查站，占地2200平方米，站房面积100平方米。

2004年，州运管处投资90万元，县自筹109万元，修建天柱县运管业务综合楼，占地面积1479平方米，建筑面积2783平方米；同年10月，采取上级补贴、职工个人集资办法，修建天柱公路管理段职工住房1栋3200平方米，总投资130万元，解决28户职工住房问题，次年5月交付使用。

2005年，州交通局投资40万元，建邦洞汽车站，占地面积2800平方米，站房面积 210 平方米，2006 年建成。

2006 年，高酿、坪地、蓝田 3 个乡镇客运汽车站建成。

2014 年，注溪、渡马、竹林 3 个乡镇客运汽车站建成。

2015 年，白市、远口、坌处镇、瓮洞、江东、地湖 6 个乡镇客运汽车站建成。

2018 年，天柱县汽车站建成，总投资 2800 万元。

二、主要桥梁

至 1990 年，天柱县公路桥梁共有 145 座，总长 4154.6 米，其中大桥 7 座，长 704.8 米；中桥 23 座，长 979.7 米；小桥 115 座，共长 2451.1 米。分别为混凝土石拱桥、双曲拱桥、钢筋混凝土桥和梁板桥。1991—2005 年期间，修建清水江远口公路大桥、清水江坌处公路大桥、清水江白市电站大桥、鉴江赖洞大桥 4 座，远口粮站改线等 5 处中型公路桥。

远口大桥　清水江远口公路大桥位于远口集镇，始建于 1991 年元月，投资 256 万元（其中省交通厅补助 146 万元，州县财政补助 60 万元，过桥费 50 万元）。大桥长 213.68 米（包括引桥延长部分，以下桥长同），全桥 4 孔，中间两孔净跨各 50 米，两边孔净跨各 40 米，桥面净宽 7 米，两侧人行道各 1.5 米，桥高 18.55 米。结构为空腹式砼石拱桥，中央两主孔为悬链线钢筋混凝土双曲拱，两边孔为块石拱。设计载重量为汽 20 吨挂 100 吨。远口大桥工程包括主桥 1 座，中桥 1 座 60 米，新建三级公路 3900 米。该桥南头分道，右通湖南靖州至广西桂林、柳州，左通湖南会同与枝柳铁路相连接。1993 年 12 月建成初验，1994 年元月通过竣工验收，并评为优良工程。远口大桥工程总结算资金 420 万元，实到位 256 万元，缺口资金，经省政府批准，1996—2005 年设立大桥收费站，实行过桥收费还欠款。

白市水电站修建后，1991 年修建的远口大桥处于淹没范围，2006 年开工新建的远口大桥于 2012 年 11 月 22 日建成通车。新桥位于天柱县远口镇老远口大桥下方 500 米处，横跨清水江，设计总投资 2700 万元，实际投资 4000 万元。全桥长 400 米、宽 11 米、高 47 米，荷重汽 20 吨挂 100 吨。全桥采用国内先进的步履式架桥机施工，由贵州省清水江水电有限公司和湖南省五凌电力有限公司组织修建，中铁十八局承建。

坌处大桥 位于远锦公路坌处段坌处集镇，横跨清水江。于2000年10月25日正式开工修建，2001年9月20日完工。桥全长273米，为悬链线石拱桥。由省桥梁设计院和州交通勘察设计所设计，州交通建设工程公司承建，州交通工程质量监督站监理。该工程总投资474万元，到位资金423万元，其中坌处镇政府将出售洞州坡林场所得资金100万元投入大桥建设。2001年10月31日通过省州验收，被评为样板工程。

赖洞桥 位于省道邦三线赖洞村，横跨鉴江。该桥第一次修建于1970年。2004年4月16日晚，因三辆大型载重汽车同时通过大桥，并有一辆载重达40吨以上的半挂车在桥上会车，造成桥墩崩裂，大桥严重损坏，不能通车。同年由凯里公路管理局工程处承建，将原桥拆除后，在原桥址向上游移20米处重建通车大桥，总投资150万元，桥长72米，桥高14米，桥面宽7米，桥面两侧人行道各宽1.5米，两拱最大跨度50米，设计载重量20吨挂100吨。

白市大桥 2004年10月，州发展改革委员会批复，同意建设天柱白市大桥。桥址位于清水江河段白市镇所在地上游2.5公里处，由7个跨拱、12根直径1.8米混凝土桥墩、35块“T”型混凝土桥板组成。全长260米（另有引桥20米），高22米，宽12米，两边人行道各1.1米，青石岩板护栏，桥上安装5米高的路灯20盏。大桥于2004年12月16日开工，2005年12月18日竣工。该桥由湖南五凌电力有限公司投资1200万元，由中国中南电力勘察设计院设计，中铁八局第三有限公司承建，湖南友源监理咨询公司监理。2006年2月26日，五凌公司、贵州清水江水电有限公司、中南设计院、友源监理公司等有关桥梁专家对大桥进行检测和验收，并对该桥的技术性能、荷载、安全等要素进行检测，核定白市大桥荷载为汽车超20吨挂150吨，是天柱县当时设计最先进、造桥最高、桥面最宽、承重最大的平板式大桥。

第七章　发展水利事业　推进水电建设

天柱县在发展的过程中，逐渐形成“抓农业稳县，抓工业富县，抓商业活县，抓科教兴县”的意识。但是要做到“农业稳县”，最为关键的因素在于必须要有稳定的水源供给。因此，可以说水利是农业的命脉，粮食能否增产，水利是关键。正是基于这样的考量，天柱县委、县政府一直都重视对水利设施的修建、维护和利用，以真正实现“农业稳县”的目标。

第一节　水库建设

鱼塘水库　位于天柱县西北坪地镇，大坝枢纽坐落在沅江水系清水江一级支流鉴江河上游鱼塘村，坝址以上集雨面积 259 平方公里，大坝枢纽距县城 22 公里，建成时是贵州省最大的农田水利灌溉工程。

工程由贵州省水利水电勘测设计研究院设计，1978 年 6 月经国家计委、水电部审批，同年 10 月动工兴建，1981 年 1 月因国民经济调整而缓建，1991 年 4 月国家计委委托水利部再次审批，同年 8 月恢复建设。工程设计规模为大坝 1 座，坝高 39.5 米，正常高水位 475 米高程，蓄水 5028 万立方米；坝后电站 1 座，装机容量 2×630 千瓦；渠系工程有二道坝 1 座，总干渠 1 条，干渠 3 条，支渠 7 条，总长 212 公里。其中，总干渠长 24.3 公里，过水流量 7—9 立方米 / 秒；天柱干渠 9.5 公里，过水流量 3 立方米 / 秒；蓝田干渠 23.5 公里，过水流量 2.2 立方米 / 秒；白市干渠 23 公里，过水流量 3.8 立方米 / 秒。铜鼓、石桥、血团、渡马、社学、白土、石灰冲 7 条支渠总长 132 公里。渠系中的主要建筑物有隧洞

32座，长10417米；渡槽62座，长8045米；倒虹管2座，长410米。灌溉面积7020公顷（田4553公顷、土变田2000公顷、荒变田467公顷）。鱼塘水库是一个以灌溉为主，兼有防洪、发电、城镇供水的中型水利工程。鱼塘水库的建成，不仅为邦洞、蓝田、凤城、白市片区提供灌溉，而且为后来兴建坝后电站，发展水产业、旅游业等发挥了应有的效应。

润松水库 原名“万能湖”。1958年11月“大跃进”时期动工兴建，坝址在现坝址下游1公里处，湖面宽广，蓄水量大，但由于当时技术能力薄弱，经济能力有限，于1961年1月停建。1966年5月，经省水利设计院设计，将坝址上移至卜头寨，同年9月动工，1972年建成蓄水。工程状况：均质土坝1座，高32米，坝长106米，顶宽7米，迎水面块石护坡，清水面草皮护坡，草皮中横嵌“润松水库”四个大字，总库容550万立方米，兴利库容422万立方米，利用水面375亩。水库干渠从坝后出水管经卜头寨跌水电站，冷溪倒虹管、红庵堂渡槽至隆寨，全长10.8公里，引用流量1.8立方米/秒；支渠2条，左支渠从隆寨一级跌水至角留，长7公里，引用流量0.65立方米/秒；右支渠从隆寨二级跌水电站尾水渠倒流入朗江，再从拦河坝引水入渠，经同佑、高坡寨、十里冲口、登圭等4座混凝土渡槽至社学乡芹香寨，全长17.5公里，引用流量1.0立方米/秒。控灌面积1.29万亩，有效灌溉面积800亩。渠道附属电站1座，装机200千瓦，坝后规格鱼种场1座7.5亩，年产规格鱼苗40万尾。

石灰冲水库 位于县城东北24公里处的蓝田镇石灰冲，为鱼塘水库工程的反调节水库。坝址以上集雨面积10.2平方公里。1975年10月动工，1979年3月大坝和6.4公里的干渠竣工。1989年国家投资189.28万元，干渠延长至12.6公里。工程状况：心墙土坝，坝高28米，坝长115米，顶宽6.3米，迎水面块石护坡，总库容205万立方米，兴利库容167万立方米，可利用水面224亩。工程设计灌溉面积5490亩，鱼塘水库补水后增洪面积3914亩，现有效灌溉面积2000亩，主要灌区为蓝田镇楞寨、新民、新联、蓝田、备寨、布坪、地锁以及瓮洞镇克寨和梭平。干渠长12.6公里，引用流量2立方米/秒。

白土水库 位于县城东部26公里白市镇新舟村的白土，枢纽建于汶溪河一小支流上，坝址以上储雨面积6.6平方公里。1975年冬动工兴建，1976年12月竣工。工程状况：均质土坝1座，坝高28米，坝长108米，顶宽3.8米；总库容 280 万立方米，可利用水面 227 亩。干渠 1 条，长 13.5 公里，引用流量 0.7 立方米 / 秒；左右支渠各 1 条，共长 6 公里，引用流量 0.15 立方米 / 秒。钢筋混凝土渡槽 6 座，总长 226 米。该库设计灌溉面积 3000 亩，有效灌溉面积 900 亩。主要灌区为白市镇新舟、白市、寺坪洲、三间桥、窑上等村寨。

红山水库　位于城东 37 公里处的江东乡半山村鲍家段的红山，故名。枢纽位于大溪支流鲍家小溪上游，坝址以上集雨面积 1.5 平方公里，1976 年 11 月动工兴建，1983 年竣工。工程状况：均质土坝 1 座，坝高 21 米，长 103 米，坝顶宽 4 米，总库容 135 万立方米，兴利库容 110 万立方米，可利用水面 198 亩。干渠 1 条，长 1.6 公里，引用流量 0.5 立方米 / 秒。支渠 2 条，长 12 公里；有钢筋混凝土渡槽 6 座，长 272 米；倒虹管 2 座长 388 米，引用流量 0.25 立方米 / 秒。设计灌溉面积 3000 亩，有效灌溉面积 600 亩。主要灌区为江东寨、大溪村和白市燕子湾等。

岑团水库　位于县城东北面 16 公里的社学乡长团村岑团寨，故名。工程建于汶溪河的一小支流上。1954 年冬动工兴建，1955 年 3 月竣工。工程状况：均质土坝 1 座，坝高 11 米，坝长 43 米，顶宽 2.3 米；总库容 15 万立方米，兴利库容 12.6 万立方米，可利用水面 58 亩；干渠 1 条长 2 公里，引用流量 0.1 立方米 / 秒，有效灌溉面积 200 亩，主要灌区为长团村。

注溪水库　位于县城北 30 公里的注溪乡注溪村喜乐冲。枢纽建于瓦窑江上游注溪河支流上，坝址以上集雨面积 4 平方公里。1976 年冬动工兴建，1979 年 12 月竣工。工程状况：浆砌石单曲拱坝 1 座，坝高 15.6 米，坝长 58 米，坝顶宽 2 米；总库容 24 万立方米，兴利库容 19.5 万立方米，可利用水面 27 亩。干渠 1 条，设计长 5 公里，完成 2.22 公里。设计灌溉面积 1440 亩，有效灌溉面积 480 亩，主要灌区为注溪乡注溪村、下寨村。

仙人骑白鹤水库　位于县城 17 公里处的邦洞街道中高野岩脚寨，工程建于汶溪河支流仙人骑白鹤山脚一小溪上。1957 年 10 月 5 日动工，1958 年 3 月 18 日竣工。总库容 16.5 万立方米，兴利库容 11 万立方米，可利用水面 17 亩。设计灌溉面积 524 亩，有效灌溉面积 500 亩，主要灌区为邦洞镇岩脚、林海、下高野等村寨。

炉山冲水库　位于县城东北 37 公里处的瓮洞镇梭坪村炉山冲，工程建于清水江支流炉山冲溪沟上。1973 年 11 月动工兴建，1975 年 3 月竣工。总库容 22.7 万立方米，兴利库容 18.67 万立方米。设计灌溉面积 500 亩，有效灌溉面积 237 亩，主灌区为瓮洞镇梭平、店上、长田、罗家寨。

朗璐水库　位于县城东 19 公里处的渡马镇共和村朗璐。工程建于清水江支流姚家溪上时展段。库容 50 万立方米，兴利库容 41.4 万立方米，可利用水面 50 亩。干渠 1 条长 6 公里，支干渠总长 4.5 公里。设计灌溉面积 1500 亩，有效灌溉面积 787 亩，主灌区为渡马镇共和村、湾场村、桥坪村、杨柳村。

第二节　水电设施

莲花山水电站　距县城 47 公里，位于石洞镇冲敏村与锦屏县平秋镇万丰村交界处，因此处有一河流环抱的莲花形山坡而称莲花山水电站。该电站始建于 1968 年 10 月。电站建在清水江一级支流六洞河下游河段（八卦河），属国家规划中六洞河梯级开发的第六级，筑坝成库，凿洞引水，系混合式开发。

电站工程有细石混凝土块石双曲拱坝 1 座，坝顶溢流，最大坝高 32.55 米，坝顶弧上 127.9 米，其中溢流段长 78.5 米，溢流段坝高 26.05 米，蓄水 490 万立方米。筏道置于坝左，带闸室陡坡型，泄槽长 600 米。

进水塔位于库右侧坝的上游 300 米处，山脚河边涵洞进口，钢筋混凝土框架结构，闸门井深孔进水，闸室设两道闸槽，一套闸门，进口尺寸 4 米 ×4 米，闸门长 4.5 米，50 吨电动卷扬机启闭，引水洞 342 米，洞径 4 米。

半封闭式混合结构厂房，主厂房 372.7 平方米，副厂房 390.5 平方米（2 层），安装发电机组 2 台。

升压站置于副厂房北侧，地面高程 353 米，装有主变压器 2 台。降压站位于县城南 0.7 公里处白水冲路，装有 2500 千伏安主变压器 1 台，10 千伏出线路 1 条，长 31 公里。由降压站至城关、邦洞、蓝田、织云等地 10 千伏线路 4 条，长 34.8 公里。1987 年元月投产以来，年发电量 1800 万千瓦时。2005 年 6 月，县人民政府将莲花山水电站与圭六水电站合并，以 1441.89 万元转让给黔东南州恒丰实业有限责任公司。

鱼塘水库坝后水电站 位于坪地镇兆寨村与邦洞街道鱼塘村交界处的干沟塘。由鱼塘水库管理处投资625万元，于1999年10月始建，2000年12月投产。坝后水电站是鱼塘水库完工后建成的坝后式水电站，有发电机组1台。

圭六水电站 位于社学乡圭六寨鉴江河段。1990年固定资产（原值）15.6万元，职工15人，发电102.478万千瓦时，产值13.9万元，创利税9.77万元，盈利3.07万元。2005年6月，县人民政府将莲花山水电站和圭六水电站合并转让给黔东南州恒丰实业有限责任公司。

白市水电站 清水江梯级电站之一，坝址位于白市镇清水江上游约2.8公里处的坪内村，距天柱县城30公里。设计坝高68米，水库正常蓄水位300米，装机42万千瓦，工程静态总投资32.06亿元。以发电为主，兼有防洪、航运、水产养殖等综合效益。淹没涉及天柱县坌处、竹林、远口、江东、社学、白市6个乡镇39个村2个居委会2.2万多人，淹没坌处、远口、兴隆3个集镇。该项目于2003年启动，2005年列入贵州省重点工程，2008年3月18日获国家发改委核准。

白市水电站工程是天柱县目前投资最多、规模最大的项目。2003年4月，黔东南州人民政府先后与五凌公司签订《天柱电站建设意向书》《天柱水电站建设框架协议书》，根据电站建设和移民搬迁安置工作的需要，同年8月成立天柱县移民开发局。

从2003年9月开始，电站建设的各项前期准备工作全面启动，先后完成了白市电站进场公路、110千伏变电站、施工区场坪工程、董家桥防洪堤工程、砂石料场、白市大桥等前期工程，实施了白市镇杉木坳和江东乡董家桥2个集中安置点，安置施工区移民85户314人；完成了白市电站库区淹没实物指标调查、复核、公示工作，进行了库区淹没土地分解、公示、复核及集镇现状和宅基地调查工作。同时，完成了坌处、远口、兴隆3个搬迁集镇的复建规划设计和库区交通、电力、通信等专项复建工程规划设计。2008年12月，远口清水江大桥罗汉坡预制场工程施工便道和白市至兴隆公路丘塘湾大桥相继开工，标志着库区控制性工程的全面启动。

白市水电站的主要任务为发电，兼有航运等综合利用效益；坝顶高程304.5

米，水库正常蓄水位300.00米，死水位294.00米，调节库容1.72亿立方米，具有季调节性能；上距挂治梯级56.3公里，下距托口梯级56.2公里，坝址控制流域面积16530平方公里，占清水江总流域面积的93.8%；多年平均年径流量114.8亿立方米。电站装有3台单机容量140兆瓦混流式水轮发电机组，总装机容量420兆瓦；3台额定容量160兆伏安主变；两回500千伏线路，一回连接距本厂67公里的三板溪水电厂，另一回接入距本厂32公里的艳山红开关站；设计年平均发电量12.36亿千瓦时。电站建成后接入湖南省电网，承担调峰、调频及事故备用等任务。2013年4月3台机组全部并网发电投入使用。

2014年，全县完成水利固定资产投资1.6645亿元，主要实施了农村安全饮水、病险水库整治、五小水利、堤防工程、水土保持、中小河流治理、新农村综合体等一批工程项目。一是解决农村饮水安全3.8614万人；二是完成登贵水库除险加固工程，完成工程投资269万元，开工建设中寨水库除险加固工程；三是发展农村耕地1.9万亩；四是建设“五小”工程，共完成工程433处，完成渠道工程建设58处；五是完成2012、2013年度中央财政小型农田水利重点县项目，项目投资4000万元，项目涉及蓝田、邦洞、白市、渡马和社学五个乡镇；六是开工建设2014年度中央财政小型农田水利重点县项目，项目建设涉及凤城、高酿两个乡镇，工程投资2000万元；七是2014年6月开工建设阳胆溪水库，工程计划总投资7027万元，当年完成投资1500万元。

2015年，开工建设农村饮水安全项目点30处，工程总投资3438.49万元，解决60370农村人口、6500学校人口的饮水安全问题。

2017年，天柱县以加快推进重点项目建设为核心，在防汛抗灾、工程建设、水资源及执法管理等方面取得了一定成效。一是完成2011—2015年实施的琅璐水库、炉山冲水库等11座小（二）病险水库除险加固竣工验收工作。二是开工建设幸福、丛溪、绞往、高洞等四座病险水库治理工程，四座病险水库治理工程共投资914万，幸福、绞往、高洞水库主体工程通过州级完工验收。三是完成2016年中央财政农田水利设施建设项目县建设任务，解决坪地、邦洞、瓮洞和蚂蚁坡10997亩油茶园区的用水问题，于2017年12月通过验收委员会验收；开工建设天柱县2017年中央财政农田水利设施建设项目县工程，该项目涉及石洞镇、高酿镇、社学长团油茶产业园和渡马共和凤柚基地，工程总投资2021.8万元，于12月底全面完工。四是争取各级维修养护资金维修水利工程43处，完成渠道清淤25公里，渠道护面维修15公里，山塘维修5座，拦水坝维修6座。

2018年，天柱县投资2021万元完成2017年中央财政农田水利设施建设项目县工程，有效解决石洞镇、高酿镇、社学长团油茶产业园和渡马共和凤柚基地的供水浇灌，有效灌溉面积11321亩，新增高效节水面积3000亩，项目顺利通过县级验收。投资1811万元完成2018中央财政农田水利设施项目县建设，涉及蓝田、白市、江东、远口、望处和竹林6个镇，有效改善灌溉面积9177亩，新增高效节水农田4000亩。投资1200万元建设完成小型水利工程20处，对小型水利工程进行切实的维修、维护和水毁修复并发挥效益。完成绞往水库、幸福水库、高洞水库和丛溪水库四座水库建设及验收工作，全县小（二）型以上水库全部完成除险加固，为农田水利建设提供稳定水源保障。

参考文献

[1] 贵州省天柱县地方史志编纂委员会. 中国共产党贵州省天柱县历史·第一卷. 北京：中央党史出版社，2009.

[2] 贵州省天柱县地方史志编纂委员会. 中国共产党贵州省天柱县历史·第二卷. 北京：中央党史出版社，2012.

[3] 贵州省天柱县志编纂委员会. 天柱县志. 贵阳：贵州人民出版社，1993.

[4] 贵州省天柱县地方史志编纂委员会. 天柱县志·1991 ~ 2009. 北京：方志出版社，2014.

[5] 李斌，曾羽，吴才茂，龙泽江. 民间记忆与历史传承——贵州天柱宗祠文化述论. 成都：四川大学出版社，2014.

[6] 黔东南苗族侗族自治州地方志编纂委员会. 黔东南苗族侗族自治州志·1985—2010. 北京：方志出版社，2014.

[7] 天柱县地方史志办公室，《天柱年鉴》编纂委员会. 天柱年鉴·2015. 河南省三门峡市安瑞印刷厂，2015.

[8]《天柱年鉴》编纂委员会. 天柱年鉴·2016. 北京：中国文化出版社，2016.

[9]《天柱年鉴》编纂委员会. 天柱年鉴·2017. 北京：中国文化出版社，2017.

[10]《天柱年鉴》编纂委员会. 天柱年鉴·2018. 北京：中国文化出版社，2018.

[11]《天柱年鉴》编纂委员会. 天柱年鉴·2019. 北京：中国文化出版社，2019.

后　记

在向第二个百年奋斗目标迈进的历史关口，在脱贫攻坚目标任务已经完成的形势下，巩固拓展脱贫攻坚成果，全面推进乡村振兴，加快农业农村现代化，是一个关系全局的重大问题。在这一背景下，为服务于黔东南社会经济文化的发展，凯里学院设立"黔东南山乡巨变"专项课题，总结黔东南苗族侗族自治州及各市县自中华人民共和国成立以来取得的成就，以史为鉴，以开辟黔东南发展的新起点、新征程。

编者有幸承担了该专项课题中的"天柱县篇"。编者承担的课题，其地域虽仅涉及黔东南苗族侗自治州天柱县，但想比较全面地反映天柱县在近 70 年的发展历程中所取得的成绩和经验教训，还是感觉艰辛备至。所幸的是，在搜集资料过程中，天柱县地方史志办公室及时为编者提供其精心编著的《中国共产党贵州省天柱县历史》《天柱县志》等资料；《天柱县年鉴》编纂委员会无私地为我提供了 2015—2019 年以来出版的《天柱县年鉴》。这为编者编写《黔东南山乡巨变·天柱县篇》提供了基本框架和核心资料，因此，从严格意义上来说，这不是作者两人编著的成果，而是集体智慧结晶的产物。

感谢天柱县地方史志办公室和《天柱县年鉴》编纂委员会的帮助，没有他们的帮助，本书不可能和读者见面；感谢凯里学院的领导及民族学团队为我们提供的无私帮助，不仅使我们的课题能够顺利立项，而且还能在资金非常紧缺的情况下无偿资助出版；感谢吴平教授为本书提供了大量照片。

在这里还要非常感谢我的爱人杨小苹同学，在工作之余抽出时间帮我查对文献出处和进行文本的校对工作。当然要感谢的人还很多，在这里不能一一致谢，深表歉意。

由于时间和水平有限，书中遗漏和不当之处，请各位读者批评指正。

编者

2021 年 3 月